VIVER COM RISCO

Allison Schrager

VIVER COM RISCO

Como enfrentar as situações incertas da vida cotidiana

TRADUÇÃO
Afonso Celso da Cunha Serra

PORTFOLIO
PENGUIN

Copyright © 2019 Allison Schrager

A Portfolio-Penguin é uma divisão da Editora Schwarcz s.a.

PORTFOLIO and the pictorial representation of the javelin thrower are trademarks of Penguin Group (USA) Inc. and are used under license. PENGUIN is a trademark of Penguin Books Limited and is used under license.

Grafia atualizada segundo o Acordo Ortográfico da Língua Portuguesa de 1990, que entrou em vigor no Brasil em 2009.

TÍTULO ORIGINAL An Economist Walks into a Brothel: And Other Unexpected Places to Understand Risk
CAPA Eduardo Foresti
PREPARAÇÃO Fernanda Mello
REVISÃO TÉCNICA Guido Luz Percú
ÍNDICE REMISSIVO Probo Poletti
REVISÃO Carmen T. S. Costa e Clara Diament

Dados Internacionais de Catalogação na Publicação (CIP)
(Câmara Brasileira do Livro, SP, Brasil)

Schrager, Allison
Viver com risco : como enfrentar as situações incertas da vida cotidiana /
Allison Schrager ; tradução Afonso Celso da Cunha Serra. — 1ª ed. —
São Paulo : Portfolio-Penguin, 2021.

Título original: An economist walks into a brothel: And Other
Unexpected Places to Understand Risk
ISBN 978-85-8285-136-4

1. Administração de risco 2. Escolha (Psicologia) 3. Tomada de decisão I. Título.

21-57115   CDD-338.5

Índice para catálogo sistemático:
1. Riscos : Economia   338.5

Cibele Maria Dias — Bibliotecária — CRB-8/9427

[2021]
Todos os direitos desta edição reservados à
EDITORA SCHWARCZ S.A.
Rua Bandeira Paulista, 702, cj. 32
04532-002 — São Paulo — SP
Telefone (11) 3707-3500
www.portfolio-penguin.com.br
atendimentoaoleitor@portfoliopenguin.com.br

SUMÁRIO

1. Introdução ao risco   7
2. Recompensa   27
3. Assumindo o risco   39
4. Mensuração do risco   48
5. Diferentes tipos de risco   66
6. Teoria da perspectiva   82
7. Má interpretação do risco   97
8. Diversificação   110
9. Redução de riscos   129
10. Seguros   145
11. Riscos morais   162
12. Incerteza   179

Pensamentos finais   197

Agradecimentos   199
Notas   203
Índice remissivo   209

1
Introdução ao risco: seus inusitados "o quê" e "onde"

A ideia revolucionária que define a fronteira entre os tempos modernos e o passado é o domínio do risco: a noção de que o futuro é mais que um capricho dos deuses e que homens e mulheres não são passivos diante da natureza.

Peter Bernstein, *Desafio aos deuses*

APESAR DO SOL FORTE DE NEVADA, a sala estava escura e abafada; uma estranha reprise de *I Love Lucy* passava na TV sem som. Uma campainha tocou e um gordo inexpressivo entrou. De repente, uma dúzia de mulheres saiu às pressas de um labirinto de longos corredores, passou correndo por mim e se enfileirou no foyer. Elas cruzaram as mãos nas costas, deram um passo à frente, uma a uma, e se apresentaram. O homem apontou para a segunda mulher à esquerda, uma provocante loura platinada usando uma tanga vermelha e um sutiã de renda. Ela o puxou pela mão e o levou para um quarto.

Bem-vindo ao Moonlite BunnyRanch. Um bordel legalizado talvez não seja bem o lugar onde se esperaria encontrar uma economista especializada em planejamento de aposentadoria, mas sou uma rara espécie de viciada em risco. Busco o risco para compreendê-lo melhor. Não procuro situações impregnadas de adrenalina. Nunca pratiquei bungee-jump, não gosto de esqui, e talvez seja a única nova-iorquina que receia atravessar ruas fora da faixa de pedestres. Em vez de me expor a situações perigosas só pela sensação de desafiar a sorte, procuro lugares insólitos onde eu possa aprender mais sobre riscos e como gerenciá-los.

Fui treinada para elaborar apólices, aconselhar empresários proeminentes ou redigir artigos de pesquisa em universidades. No entanto, ali estava eu, sentada em um sofá de veludo vermelho, numa casa com revestimento de vinil, num recanto longínquo de Nevada, porque mercados inusitados, como trabalho sexual, prosperam no risco. Sempre podemos encontrar melhores maneiras de mitigá-lo, portanto, vou a qualquer lugar onde as pessoas possam estar desafiando as probabilidades. Afinal, planejar a aposentadoria quando não se sabe se a bolsa vai disparar ou despencar, ou quanto tempo se viverá, exige domínio de risco.

Trabalho sexual é um negócio arriscado. Fui a Nevada para compreender como essa indústria isola e precifica o risco. A maioria das profissionais do sexo e seus clientes poderiam ser presos ou vítimas de violência. Profissionais do sexo que buscam clientes nas ruas são treze vezes mais propensas a serem assassinadas do que a população em geral. Trinta e cinco por cento dos homicídios de trabalhadoras sexuais são cometidos por assassinos em série.[1] Pagar por sexo ou vendê-lo carrega um estigma: as trabalhadoras sexuais e seus clientes enfrentam repercussões sociais, profissionais e legais se forem pegos. Fui ao bordel para compreender qual seria o custo para eliminar esse risco.

O que é risco?

Quando se ouve a palavra "risco", imediatamente se pensa em algo terrível, no pior cenário, como perder o emprego, a fortuna ou o cônjuge.

Precisamos, porém, assumir riscos para melhorar a vida. Temos de apostar para conseguir o que queremos, mesmo que isso se associe à possibilidade de perda. Se ansiamos por um ótimo relacionamento, arriscamo-nos a ter um coração partido. Se queremos progredir no trabalho, devemos assumir projetos que podem fracassar. Se evitarmos o risco, a vida não avançará. Tecnicamente, risco designa tudo o que pode acontecer — bom e ruim — e a probabilidade de cada um desses resultados.

Até a história da palavra "risco" ilustra nossos sentimentos complexos sobre o conceito: deriva de *rhizikón*, antigo termo náutico grego que

INTRODUÇÃO AO RISCO: SEUS INUSITADOS "O QUÊ" E "ONDE"

denota uma contingência perigosa. Embora seu uso tenha se expandido um pouco ao longo do tempo, sempre descreveu algo temerário. Seu significado, no entanto, mudou no século XVI, quando se iniciou a exploração do Novo Mundo, e se começou a encarar o risco como algo controlável — não deixado ao acaso. A palavra do alto-alemão médio, *rysigo*, expressa "ousar, realizar, empreender, esperar sucesso econômico".[2]

Perceba-o ou não, você corre riscos, grandes e pequenos, todos os dias, em todas as áreas da vida. A boa notícia é que não é preciso deixar os resultados por conta da sorte e torcer pelo melhor. Este livro lhe mostrará como assumir riscos com atenção *e* como minimizar a probabilidade de acontecer o pior.

Não raro, aprendemos a raciocinar sobre as decisões em termos de "se eu fizer X, conseguirei Y", mas, na realidade, sempre que decidimos, vários Ys podem acontecer, desde um Y fantástico até um desfecho pavoroso. Uma vez que reconhecemos essa realidade, podemos tomar precauções para alterar o espectro de Ys. Não podemos garantir um resultado positivo, mas, quando pensamos em risco, de maneira mais estratégica, podemos aumentar as chances de que as coisas sejam mais favoráveis. Isso é por vezes chamado de risco calculado, embora haja uma ciência do risco que facilita a compreensão do que vale a pena tentar e como maximizar as chances de sucesso ao assumir um risco.

A ciência do risco a que me refiro é parte da economia financeira. Embora você talvez esteja imaginando homens com cabelos certinhos e penteados para trás em trajes elegantes, empenhando-se em fazer dinheiro — ou tomar o seu —, grande parte do que acontece nos mercados financeiros é simplesmente comprar e vender risco. Risco em finanças é uma estimativa de tudo o que pode acontecer com um ativo — digamos, as chances de uma ação subir 2% ou 20%, ou cair 60%. Depois de avaliado, o risco pode ser comprado ou vendido — as pessoas podem escolher entre aumentar ou reduzir o risco, de acordo com suas preferências. A economia financeira estuda o risco nos mercados financeiros, mas suas lições podem ser aplicadas em qualquer mercado ou decisão com que nos defrontamos na vida.

Por exemplo, como qualquer especialista em risco, eu jamais pegaria um ônibus para cruzar a cidade de Nova York, porque o tempo de viagem é totalmente imprevisível: a travessia da ilha de Manhattan de ônibus leva em média trinta minutos, mas pode levar mais de uma hora ou menos de quinze minutos, dependendo do dia ou da hora. Se eu caminhar, demora 35 minutos — sempre. Quando caminho, não tenho de me preocupar com o tráfego excessivo ou com as muitas paradas para entrada e saída de passageiros. Cruzar a cidade a pé é quase perfeitamente previsível, e, para mim, leva quase tanto quanto uma corrida de ônibus. Em termos de economia financeira: se você tiver de escolher entre dois portfólios com retornos semelhantes, escolha o menos arriscado.

Essas lições de economia financeira podem ser úteis sempre que precisamos tomar decisões arriscadas, mas a maioria das pessoas nunca as aprende. Tenho ph.D. em economia, mas não aprendi muito sobre finanças até terminar o curso de pós-graduação. Eu supunha que economia financeira era simplesmente o estudo de como se tenta superar o mercado de ações para ficar rico. Embora isso seja parte do processo, porque o aumento do risco oferece a possibilidade de ganhar mais dinheiro, a economia financeira é mais que isso: é o estudo do risco.

Ao aprender mais sobre economia financeira, comecei a perceber como os ensinamentos sobre risco baseados no mercado podiam converter-se em uma nova maneira de compreender e encarar o mundo mais amplo. Saber como usar essas ferramentas nos capacitará a tomar melhores decisões arriscadas e complexas no cotidiano, desde escolher entre voltar a estudar ou aceitar um emprego numa start-up até empreender uma grande quantidade de tempo em um projeto ou determinar quanto oferecer pela casa dos sonhos.

A economia do risco está em todos os lugares. Ao escrever este livro, fiz algo raro entre os economistas. Em vez de me sentar à mesa, em casa, e analisar dados, passei muitas horas conversando com não economistas, longe de Wall Street, perguntando-lhes como gerenciam o risco na vida e na carreira.

Todas as pessoas que entrevistei descobriram maneiras inteligentes de identificar e gerenciar o risco numa economia em rápida mutação. Essas histórias ilustram os princípios mais importantes de economia financeira, melhor do que qualquer estudo sobre o mercado de ações.

Bordelnomia

Quando o visitei, o proprietário do Moonlite BunnyRanch era Dennis Hof, homem corpulento, careca, meio encurvado, de uns setenta anos, e com uma presença imponente. Quase sempre vestia camisa esportiva e calça cáqui e caminhava pelos corredores do bordel cercado de jovens loiras, competindo por sua atenção e aprovação. Hof foi encontrado morto aos 72 anos pelo astro pornô Ron Jeremy, em outubro de 2018, em sua luxuosa suíte em um dos bordéis.

Hof foi criado como um adorado filho único no Arizona. No ensino médio, trabalhou num posto de gasolina, engravidou a namorada e se casou com ela. Pouco depois, começou a comprar postos de gasolina; vendeu gasolina ilegalmente durante a crise energética dos anos 1970 e embolsou uma pequena fortuna. Teve uma série de casos amorosos e o casamento desmoronou. Hof se mudou para San Diego, iniciou negócios no serviço de uso de imóveis compartilhados e tornou-se amigo de pessoas da indústria pornográfica. Também se tornou cliente regular dos bordéis legalizados de Nevada.

Os únicos lugares nos Estados Unidos onde a venda de sexo é legal são uns poucos condados no estado de Nevada, onde o setor é altamente regulado. As profissionais do sexo lícitas devem trabalhar em bordéis licenciados, fazer exames periódicos contra doenças sexualmente transmissíveis e submeter-se a ampla verificação de antecedentes.

Na década de 1980, quando Hof e os amigos frequentavam os bordéis, eles eram lugares sórdidos e melancólicos — geralmente um trailer no deserto, onde as mulheres deviam realizar qualquer ato sexual exigido pelo cliente, a qualquer preço estipulado pela casa. As mulheres não podiam sair por dias seguidos.

Em 1993, Hof comprou o bordel Moonlite, numa cidadezinha na periferia de Carson City, e decidiu tratar o trabalho sexual da mesma maneira como vendia imóveis compartilhados. Aboliu os preços fixos e permitiu que as mulheres escolhessem que serviços ofereceriam e a quem. Configurou o negócio de forma que todas as mulheres trabalhassem no bordel como prestadoras de serviços, autônomas, que podiam entrar e sair como quisessem* e negociar as condições de cada transação. Isso lhes conferia mais autonomia e um incentivo para vender ativamente os próprios serviços e negociar um valor mais alto. Ao morrer, Hof possuía outros seis bordéis em Nevada; visitei quatro deles.

Sob muitos aspectos, o bordel é como qualquer outro local de trabalho. Há reuniões semanais da equipe (afastando-se da tradição de muitas empresas, as mulheres geralmente usam chapéus extravagantes e bebem chá), acesso a consultores financeiros, bônus por desempenho e até habitações corporativas (Hof tinha um prédio de apartamentos nas redondezas onde residia grande parte da equipe). O Moonlite BunnyRanch, seu bordel mais conhecido, foi até apresentado em um reality show de TV, chamado *Cathouse*.

No entanto, onde Hof agregou mais valor foi na redução do risco tanto para compradores quanto para vendedores de sexo.

OFERTA

Durante minha estada em Nevada, conheci dezenas de trabalhadoras sexuais, e cada uma faz o trabalho por uma razão diferente. Algumas histórias são de partir o coração; outras simplesmente descrevem uma mulher que gosta do que faz e do dinheiro que recebe. Conheci mulheres com MBA e ph.D. E, durante todos os anos em que estudei economia e finanças, nunca conheci negociante mais astuta que Shelby Starr.

Starr era uma das mulheres mais bem remuneradas dos sete bordéis de Hof.** Estava no meio da casa dos quarenta, curvilínea, com cabelos loiros e soltos e um sotaque texano cálido e rouquenho. Starr é casada, tem três filhos e, exceto pela carreira incomum, vive uma vida típica. Trabalha o dia inteiro no bordel e se junta à família em casa na maioria das noites. Nós nos encontramos no quarto de Starr para falar sobre sua profissão.

---

* Elas deviam estar no bordel, nos respectivos turnos.
** Agora, Starr trabalha no Mustang Ranch, outro bordel legalizado fora da rede de Hof.

INTRODUÇÃO AO RISCO: SEUS INUSITADOS "O QUÊ" E "ONDE"

Antes de começar no bordel, Starr vivia uma vida dupla: executiva de marketing durante o dia e dançarina exótica em segredo. Ou poderia ser mais correto dizer que ela era uma dançarina exótica muito bem remunerada "no circuito das conferências" e que, em paralelo, exercia uma função empresarial. "Há circuito de conferências para strippers?", perguntei.

Não há um circuito *oficial*, Starr explicou, mas percebeu que ganhava mais dançando quando certas conferências estavam na cidade. Ela pesquisava os locais de diferentes conferências — as de tecnologia pagavam melhor — e desenvolvia relações com *strip clubs* por todo o país, de modo a seguir os eventos mais lucrativos, em diferentes cidades.

Não é de surpreender, Starr ganhava mais dançando do que no trabalho corporativo. Admitiu que só mantinha o trabalho diurno para evitar o estigma associado ao trabalho como dançarina exótica, em parte porque vinha de uma família religiosa. O trabalho tradicional também facilitava a vida numa comunidade pequena e a criação dos filhos. Durante mais de quinze anos, ela manteve discretamente as duas carreiras. Reconhecia, entretanto, que aquele estilo de vida empresarial/ *Flashdance* "era muito óbvio; quer dizer, com os cabelos platinados, o bronzeado *fake* e os peitões, eu não estava enganando ninguém".

Ao chegar aos trinta e tantos, Starr sentiu que estava ficando velha demais para continuar dançando. Ela detestava seu trabalho empresarial, e a empresa queria que ela se mudasse para outro lugar; então seu marido perdeu o emprego. Era hora de tentar alguma coisa nova. Starr soube que o trabalho sexual legal era bem remunerado, e estava familiarizada com o BunnyRanch pelo reality show, o que a levou a procurar a gerente do bordel, madame Suzette. Starr foi convidada a ir para Nevada, por conta própria, para uma experiência de duas semanas.

A primeira viagem é uma grande aposta, e fazê-la é um dos maiores riscos a serem enfrentados pelas mulheres em bordéis. Elas devem arcar com as próprias despesas, vestir-se com as roupas e maquiagens certas, obter licença para o exercício da profissão e submeter-se aos exames de saúde completos. Esses custos antecipados podem chegar a 1,5 mil dólares, uma pequena fortuna para a maioria das mulheres, quase sempre jovens e em empregos mal remunerados com empregadores que preferem demiti-las a conceder-lhes um período sabático de

13

duas semanas. E, depois de obterem a licença para serem trabalhadoras sexuais legalizadas, o fato será revelado em subsequentes averiguações de antecedentes, por mais breve que seja o trabalho.

Junte a essas preocupações a chance de nem mesmo conseguir o emprego e recuperar as despesas, ou de que o bordel não seja adequado. Starr estava receosa com a dinâmica da casa, com tantas mulheres confinadas juntas, todas disputando os mesmos clientes. As vantagens potenciais, porém, eram imensas: uma oportunidade de ganhar mais dinheiro do que jamais ganhara.

As duas primeiras semanas de Starr foram ótimas. Ela logo arrumou as malas da família e se mudou para Nevada. Agora, sendo o único arrimo da família, faz mais de 600 mil dólares por ano. É completamente "aberta" a todos em relação ao seu estilo de vida, até para os filhos.

Tudo tem um custo, porém. Quanto de seus ganhos dispõe-se Starr a deixar no bordel pela oportunidade de vender sexo legalmente? Dez por cento? Vinte e cinco?

Fiquei perplexa ao descobrir que Starr entrega *metade* dos ganhos ao bordel. Por quê? A principal razão é reduzir o risco associado ao trabalho sexual. Essa, no entanto, não é única despesa das trabalhadoras no bordel; elas também precisam cobrir a viagem para Nevada,* uma taxa para usar os quartos, contas de médicos para exames preventivos, roupas, maquiagem, preservativos e brinquedos sexuais. Como autônomas, tinham de pagar impostos sobre todos os ganhos, cujas alíquotas eram de 30% a 40% sobre os rendimentos restantes. Não admira que várias tenham afirmado, orgulhosas, que podiam lançar os gastos com brinquedos sexuais e pornografia como despesas dedutíveis. Fiz uma enquete com 23 mulheres sobre seus últimos cinco clientes, ou sobre todos os clientes recentes de que se lembravam, em quatro diferentes bordéis de Hof, analisando 110 transações.** A tarifa horária média é de 1,4 mil dólares, embora esse valor seja muito variável, dependendo da fornecedora e do escopo dos serviços. As taxas variam de nada mais

---

* Elas podem morar em outras áreas do país.

** Algumas das mulheres que entrevistei tinham trabalhado em bordéis fora da rede de Hof, e alegaram que os preços eram semelhantes.

INTRODUÇÃO AO RISCO: SEUS INUSITADOS "O QUÊ" E "ONDE"

que 360 dólares por hora (cobrada por uma mulher que era nova no bordel) até nada menos que 12 mil dólares por hora.

Por todo esse dinheiro, as mulheres não se sentiam tentadas a trabalhar ilegalmente e ficar com tudo para elas? Para a maioria das trabalhadoras sexuais, a resposta é sim. A internet transformou o lado ilegal do negócio: as trabalhadoras sexuais não têm mais de entregar seus ganhos a uma agência ou a um cafetão, porque podem anunciar on-line e oferecer-se diretamente a uma variedade de clientes. A tarifa média corrente por sexo ilegal, no entanto, é muito mais baixa que 1,4 mil dólares por hora.

Consegui estimar o preço do sexo ilegal, usando dados de quatro anos (2013 a 2017),[3] extraídos do site da *Erotic Review*, publicação que oferece análises detalhadas de transações sexuais.* Por entre cidades dos Estados Unidos, e no norte de Nevada, a tarifa média corrente para acompanhantes de alto nível é de 350 dólares por hora. Os preços são um pouco mais altos em grandes cidades, como Nova York e Las Vegas, cerca de quatrocentos dólares por hora.

O ágio (*markup*) de 300% por serviços legais me surpreendeu.**

Entretanto, os 1,4 mil dólares por hora que uma trabalhadora sexual legalizada ganha não são assim uma cascata de dinheiro como parece quando se acumulam os custos: 50% para a casa, 30% a 40% de impostos, sem mencionar as despesas fixas com roupas, assistência médica e as ferramentas do ofício. O pagamento por hora que se leva para casa

---

* Os dados incluem 300 mil observações sobre diferentes transações sexuais, incluindo atos sexuais executados, extensão do tempo e custo.

** Acaso haveria um prêmio por trabalhar com um cafetão? Em 2003, o economista Steven Levitt e o sociólogo Sudhir Venkatesh estimaram que as prostitutas que trabalham com cafetões ganham cerca de 50% a mais que as que trabalham sozinhas.[4] Eles supuseram que o ganho incremental advinha da capacidade do cafetão de encontrar mais clientes do que as prostitutas na rua por conta própria, mas as pesquisas deles foram anteriores à publicidade on-line. Na era da internet e das mídias sociais, a capacidade do cafetão de encontrar clientes agrega menos valor. De acordo com dados da *Erotic Review*, acompanhantes de alto nível que fazem publicidade on-line ganham quantias semelhantes, sejam ou não filiadas a uma agência.

é semelhante, quando não inferior, ao de trabalhadoras ilegais, e aí não se incluem despesas com viagem e mudança para Nevada, sem falar no gerenciamento da política e na estrutura do bordel. Sob uma perspectiva econômica, deixar o bordel parece ser a melhor escolha.

Quando perguntei às mulheres se algum dia já tinham pensado em aventurar-se por conta própria, umas poucas mencionaram que, às vezes, se sentiam tentadas e que qualquer uma que dissesse o contrário estaria mentindo. Cada mulher, entretanto, afirmou que não havia como fazê-lo, e apresentaram a mesma razão, nas palavras de Starr: "É simplesmente muito arriscado. Sei que estou segura aqui".

As mulheres que trabalham em bordéis não precisam preocupar-se em saber se os clientes são lunáticos homicidas ou policiais disfarçados. Conversei com várias que tinham trabalhado ilegalmente, por conta própria, e todas haviam tido pelo menos uma experiência ruim.

O bordel emprega seguranças, e cada quarto tem um botão de pânico. As mulheres me disseram como uns poucos clientes cruzavam a linha, fazendo perguntas demais sobre sua vida pessoal e inquirindo-as sobre seu verdadeiro nome e endereço. Os bordéis de Hof adotam uma política de tolerância zero em relação a tais comportamentos: esses clientes são banidos do bordel, e os seguranças acompanham as mulheres até em casa.

Os bordéis legais oferecem algo que as mulheres não conseguem sozinhas: proteção em troca de rendimentos. O bordel trabalha com o que é conhecido em finanças como hedge: abrir mão de parte dos ganhos potenciais em troca de redução do risco. A magnitude do preço desse hedge indica quanto vale a redução do risco para as trabalhadoras sexuais em Nevada. O preço de um encontro sexual também pode sugerir a quantia adicional que as trabalhadoras sexuais cobram para assumir mais risco. Os economistas estimam que as trabalhadoras sexuais no México cobram 23% a mais dos clientes que não querem usar preservativo.[5] Na opinião desses economistas, 23% é uma compensação pelo aumento do risco.

INTRODUÇÃO AO RISCO: SEUS INUSITADOS "O QUÊ" E "ONDE"

DEMANDA

Ainda mais surpreendente é que os clientes pagarão três vezes o preço do serviço ilegal para ir ao bordel.

Em qualquer mercado ilegal — animais exóticos, armas, sexo, IDS roubadas — o que determina se um bem ilegal custa mais ou menos que a alternativa legal é quem tem mais poder de mercado, o comprador ou o vendedor. Poder geralmente se resume em disponibilidade. Veja o caso de cigarros: é possível comprá-los legalmente em drogarias ou em postos de gasolina; portanto, você só os compraria no mercado negro se o desconto fosse realmente grande. Você não assumiria os riscos de uma transação ilegal (ser preso ou multado, por exemplo), a não ser que tivesse a chance de economizar muito dinheiro. Esse não é o caso na maioria dos mercados ilegais; o vendedor, contudo, mesmo assim cobra um *markup* porque está vendendo alguma coisa rara (animais exóticos ou moedas obscuras) ou restrita (armas, sexo, drogas) no mercado convencional.

Assumi que o trabalho sexual legal seguiria o cenário mais obscuro do mercado ilegal. Trata-se de algo difícil de comprar e disponível só em cantos remotos de Nevada, que exige horas de automóvel ou de avião para a maioria dos americanos. Em contraste, o sexo ilegal é comparativamente mais fácil de comprar, disponível on-line em quase todas as cidades. Seria de supor que, só pela conveniência, as trabalhadoras sexuais ilegais pudessem cobrar mais. No entanto, o sexo ilegal é uma compra arriscada, e os clientes estão dispostos a pagar para reduzir esse risco.

Outro bom exemplo de como o risco influencia a demanda é o serviço mais procurado e mais dispendioso, denominado Girlfriend Experience, GFE, ou Experiência de Namoro, em jargão de bordel. Envolve as afabilidades de um relacionamento típico: beijos, afagos, conversas, jantares ou cinemas. GFE também é oferecido no mercado ilegal, onde, igualmente, impõe um ágio sobre o sexo-padrão.

Os homens pagam mais pelo serviço porque a experiência oferece o máximo em encontro livre de risco: a ilusão de intimidade, sem o perigo da rejeição e sem as exigências do compromisso. Isso explica por que a maior fonte de receita do bordel não são as garotas de dezenove anos, que aparecem em revistas pornográficas, mas as mulheres de meia-idade, como Starr, que oferecem conforto e intimidade. As competências pessoais avançadas das trabalhadoras experientes garantem-lhes uma vantagem na hora de cultivar clientes, atendendo às suas necessidades e fazendo-os sentirem-se seguros e confortáveis. "A maioria dos caras é simplesmente solitária", observou uma das mulheres. "Muitos nem querem saber de sexo."

Os fregueses do BunnyRanch sabem que os riscos típicos associados ao sexo pago e até ao namoro comum não existem lá. O bordel tenta eliminar o risco da equação em todas as fases possíveis. Se o cliente paga com cartão de crédito, a transação aparece no extrato sob um título inofensivo. O comprador valoriza a segurança do trabalho sexual legal, tanto que se dispõe a viajar e a pagar grandes somas; isso, por seu turno, garante aos bordéis legais poder de mercado e a capacidade de impor grandes ágios por seus serviços.

Hof descreveu para mim a experiência do cliente que ele busca oferecer: "Você não precisa se preocupar com o perigo de ser preso, nem de sua esposa saber da aventura, nem de a garota chantageá-lo; também não deve ter medo de pegar uma doença, porque as damas são examinadas todas as semanas".

Ao contrário dos cafetões vulgares, Hof não ficou rico forçando jovens a situações perigosas. Exatamente o contrário: fez dinheiro propiciando uma transação segura entre trabalhadoras do sexo e a clientela. As duas partes estavam dispostas a pagar por essa segurança. Foi onde Hof levou seu corte de lucro.

Finanças: a ciência do risco

Um corte de 50% é o que as trabalhadoras do sexo pagam para eliminar o risco. Os clientes de sexo também pagam um ágio de 300%. Isso é muito ou pouco? Você decide. O mercado de sexo é um exemplo extremo, do qual a maioria de nós nunca participa. Esse ágio reflete o preço que o mercado atribui ao sexo arriscado. Mercados insólitos geralmen-

INTRODUÇÃO AO RISCO: SEUS INUSITADOS "O QUÊ" E "ONDE"

te fornecem os insights mais claros sobre como se avalia, compra e vende risco. Como nada se oculta em mercados como o de trabalho sexual, as sutilezas que existem em todos os mercados ficam mais óbvias. Por isso é que aprendemos mais estudando como se fazem negócios nas margens da economia e aplicando o conhecimento assim adquirido a transações econômicas mais típicas.

Reflita sobre a frequência com que temos a opção de pagar para reduzir o risco: geralmente recebemos a oferta de garantia estendida para novos aparelhos; de diferentes classes em voos, que aumentam as chances de mais espaço para os pés e no compartimento de bagagem acima do assento; e de taxas de juros fixas e flutuantes em empréstimos. Em cada situação, desistimos de alguma coisa para reduzir o risco ou participamos de um jogo para conseguir mais por menos. No bordel, o preço do risco é frontal e central: as trabalhadoras do sexo e os clientes sabem exatamente pelo que estão pagando. Em transações mais cotidianas, o preço do risco pode estar oculto nas entrelinhas ou empacotado com outros serviços.

A ciência financeira almeja identificar a parcela do preço associada ao risco. Depois de esclarecida a composição do preço, fica muito mais fácil identificar o risco que enfrentamos e conceber as melhores maneiras de assumi-lo e reduzi-lo. Cada capítulo deste livro o ajudará a obter insights mais profundos sobre como avaliar, ampliar ou reduzir o risco, explorando diferentes mercados, sob as lentes da economia financeira. Essa abordagem oferece um arcabouço para compreender o papel do risco em mercados díspares e insólitos.

Na maioria das áreas da economia, o valor se baseia na escassez. Isso não funciona da mesma maneira em economia financeira. Nessa área assume-se que o risco também é fator crítico do valor. Os bens que reduzem o risco tendem a custar mais. Essa informação precípua pode revolucionar a maneira como se tomam as decisões do dia a dia e ajudar você a fazer escolhas mais esclarecidas.

Vamos examinar como esse princípio atua na precificação das tarifas de companhias aéreas. Você talvez não perceba, mas, ao comprar a passagem mais barata, você será o primeiro a ser descartado se a companhia aérea sobrevender o voo — confira as letras pequenas. A passagem aérea barata envolve o risco de ser eliminado do voo. Comprar uma passagem aérea mais cara reduz esse risco.

Tomar boas decisões arriscadas exige transparência e quantificação do que se paga como risco. Em mercados precários, não há como fazer essa distinção. Por exemplo, os preços não são transparentes em mercados clandestinos, como organizações criminosas (pense no trabalho sexual ilegal, antes da internet). Portanto, o risco não pode ser avaliado com base no preço. Por causa da opacidade do preço é que o risco do trabalho sexual tem sido tradicionalmente mal alocado; os cafetões ficam com grande parte do dinheiro e quase nenhum risco. O crime é um exemplo extremo, mas, quando os preços não são claros, é mais comum para as partes pagar demais ou assumir mais riscos do que supomos — lembre-se, quanto mais barata for a tarifa da companhia aérea, mais altas serão as chances de exclusão do voo por sobrevenda de assentos (prática de overbook), em razão do desconto.

Alguns mercados não recompensam o risco com sensatez, geralmente porque algo interfere em seu funcionamento adequado; por exemplo, escassez de informação, dificuldade de medir o risco, ou restrições à competição entre compradores e vendedores de risco. Nos próximos capítulos, explicarei como um mercado de risco enfraquecido está por trás de todos os filmes ruins produzidos em Hollywood (capítulo 4) e dos cavalos de corrida mais lentos (capítulo 8).

Quando somos capazes de isolar e avaliar o risco numa transação, podemos decidir melhor. As finanças usam muitas ferramentas técnicas para identificar, precificar e vender risco, mas as ideias básicas subjacentes são fáceis de compreender e aplicar em qualquer mercado ou problema. Depois de dominar as ferramentas, você nunca mais hesitará ao escolher um restaurante, um plano de saúde ou estender uma garantia.

As regras do risco

Estrategistas econômicos, jornalistas e acadêmicos geralmente se queixam da incapacidade das pessoas de compreender o risco. Somos realmente propensos a comportamentos que nos levam a distorcer os

INTRODUÇÃO AO RISCO: SEUS INUSITADOS "O QUÊ" E "ONDE"

riscos que enfrentamos, e, por causa disso, às vezes fazemos escolhas que não correspondem aos nossos melhores interesses. Isso, porém, não significa que não somos capazes de compreender o risco e formular estratégias inteligentes para gerenciá-los. Você, provavelmente, traz algumas na manga, como uma solução certeira para chegar ao aeroporto na hora certa ou um truque para identificar um novo restaurante que agrade a todos os membros da família. A maioria das pessoas toma decisões arriscadas, inteligentes e sofisticadas numa área da vida, mas não aplica o mesmo raciocínio a outras — como planejamento da aposentadoria. Todos nós podemos ser grandes estrategistas de risco, mas poucos aprendemos a praticar a análise de riscos em nossas decisões.

Depois de aprender alguns princípios básicos de economia financeira, você compreende com mais clareza o que torna uma decisão arriscada mais fácil do que outra igualmente arriscada, e pode aplicar suas melhores estratégias de risco a todas as áreas da vida.

Este livro o orienta na travessia das cinco regras a seguir, para melhor avaliar e gerenciar o risco em sua vida. Cada uma dessas regras descreve um conceito de risco diferente de economia financeira, ilustrado no contexto de pessoas e lugares que testam seus limites, e, então, mostra como aplicar o conceito na vida cotidiana.

1. Sem risco, sem recompensa

O risco de perda é o preço que pagamos pela chance de conseguir mais. Há, no entanto, maneiras de maximizar as chances de sucesso. Este livro explicará diferentes estratégias sofisticadas de economia financeira, mas a única maneira mais eficaz de aumentar as chances de a aceitação de riscos valer a pena é bastante simples: defina o que risco e recompensa significam para você. O maior erro que se comete ao assumir riscos é não ter objetivos bem definidos. Parece muito simples, mas, não raro, assumimos grandes riscos sem pensar em profundidade no que queremos, sabendo apenas que precisamos mudar e que queremos sacudir as coisas. Só que assumir riscos sem uma recompensa definida raramente produz resultados. Saber o que queremos pode ser difícil, mas proporei uma estratégia para identificar e definir a recompensa e, então, avaliar o risco a ser assumido em qualquer decisão arriscada. Talvez pareça contraintuitivo, mas a melhor maneira de definir uma recompensa arriscada é começar pela definição do oposto de risco, ou seja, livre de risco.

Descobriremos, então, como medir o risco. As pessoas em geral medem o risco com base no que aconteceu no passado, mas será que o passado diz mesmo alguma coisa sobre o futuro, e, se assim for, que história é mais relevante? Mesmo que o passado seja um guia útil, que eventos no passado têm mais probabilidade de voltarem a ocorrer? Explicarei como interpretar o passado para avaliar os riscos que assumimos hoje.

Finalmente, examinaremos diferentes tipos de risco que enfrentamos no cotidiano e como determinar a diferença entre ocorrências singulares, geralmente fáceis de gerenciar, e eventos sistêmicos, mais difíceis de manejar.

2. Sou irracional, e sei disso

Nem sempre nos comportamos da forma como os modelos econômicos e financeiros preveem ao confrontarmos uma decisão arriscada. Temos aversão a perdas e, às vezes, essa tendência pode levar-nos a assumir riscos maiores do que deveríamos, e que até teríamos dificuldade em conceber. Maior conscientização é essencial, e mostrarei como manter-se racional, até quando as apostas são altas.

A maneira como percebemos o risco geralmente não se baseia em probabilidades objetivas; em vez disso, depende de como o risco nos é apresentado. Às vezes, supomos certezas inexistentes, ou que alguma coisa implausível é provável. Vou ajudá-lo a mudar a maneira como percebe o risco, não importa a forma com que ele se apresente a você, como condição para manter o controle.

3. Melhor retorno pelo risco

Quanto maior for a recompensa potencial, maior será o risco a ser assumido. Maior risco, porém, nem sempre significa maior recompensa. Às vezes, confrontamos duas opções que oferecem a possibilidade da mesma recompensa esperada, mas uma é mais arriscada que a outra. Assumir mais risco que o necessário é ineficiente. Você aprenderá a diversificar para reduzir o risco desnecessário e manter intacta a recompensa possível.

4. Seja o senhor do seu domínio

Em seguida, mergulharemos no gerenciamento de riscos, ou como aumentar as chances de conseguir mais e reduzir as chances de conseguir menos. Depois de eliminar o risco desnecessário, ainda é possível reduzir o risco remanescente.

Uma estratégia para minimizar o risco é o hedge. Hedge é a proteção contra perda por meio de uma ação de contrapeso, na tentativa de equilibrar risco e segurança, como fazem as mulheres no bordel. Hedge também consiste em fazer duas apostas simultâneas, em que uma ganha e a outra perde. O resultado é abrir mão de alguns ganhos potenciais a fim de reduzir as perdas potenciais.

Outro método de reduzir risco é o seguro, quando você paga a alguém para assumir o risco negativo em seu lugar. Diferentemente do hedge, depois de pagar o seguro, você preserva as vantagens potenciais.

O gerenciamento de riscos reduz as chances de que ocorra o pior, mas cria novas desvantagens. Qualquer ferramenta que reduza o risco também pode ser usada para aumentá-lo; uma rede de segurança pode conter a sua queda, mas também atuar como estilingue e arremessá-lo mais alto. O mesmo raciocínio se aplica ao hedge e ao seguro. Não só isso; reduzir o risco pode encorajá-lo a assumir mais risco, acarretando o uso de mais alavancagem para assumir riscos ainda maiores.

5. A incerteza acontece

Mesmo a melhor avaliação de risco não consegue considerar todas as possibilidades. O risco estima tudo o que supomos que possa acontecer, mas também o que nunca imaginamos que possa ocorrer — essa é a diferença entre risco (o que pode ser estimado) e incerteza (o que nunca prevemos).[6] Coisas que você não espera sempre ocorrem, e é possível preparar-se para o inesperado. Analisaremos como proteger-se da incerteza.

O mundo fica mais arriscado e você pode dominá-lo

Sob uma perspectiva de risco, jamais houve melhor época para estar vivo. Durante grande parte da história humana, sempre enfrentamos riscos realmente catastróficos, como surtos de fome e de pragas. Considere uma decisão fácil, diante da qual poucas pessoas hesitariam hoje, como a de visitar um amigo em outra cidade. Fazendo essa viagem no passado, você exporia no percurso a si próprio e a sua família a doenças horríveis, talvez letais. Hoje, para quem vive num país rico e estável, os riscos são altamente improváveis.

Nosso eu moderno, porém, enfrenta riscos mais agudos que ameaçam nosso estilo de vida. Com a economia atravessando grandes mudanças, nenhum trabalho parece seguro como no passado. Até recentemente, os empregadores absorviam grande parte dos riscos que enfrentávamos, assumindo o risco da aposentadoria, por exemplo, ao oferecerem planos de aposentadoria e pensão aos empregados. Eles nos protegiam do risco salarial e nos ofereciam estabilidade no emprego, mediante contracheques regulares e jornadas previsíveis. Esses benefícios são cada vez mais raros no século XXI.

Para ajudar-nos, temos mais ferramentas do que nunca, geradas por dados e algoritmos, que podem ser usadas para mensurar e mitigar o risco. Mais dados oferecem o potencial de avaliar o risco com mais exatidão, ao mesmo tempo que a tecnologia nos ajuda a interpretar os dados em segundos, capacitando-nos a tomar decisões rápidas. Não raro, podemos fazê-lo com o smartphone. Waze minimiza o risco de ficar preso no tráfego; Netflix aumenta as chances de ver o filme que você adora; sites de viagem podem prever se o preço de um voo aumentará ou diminuirá. Dados e tecnologia talvez aumentem as apostas na economia, mas também entregam estimativas de risco que já foram esotéricas e incessíveis para as massas.

Como vimos nas grandes falências da indústria financeira, as ferramentas de economia financeira podem ser inúteis, às vezes até danosas, sem algum conhecimento de como usá-las. Essas conclusões se aplicam a grandes e a pequenos riscos. O Google Maps pode estimar que demoraremos quinze minutos para chegar ao trabalho hoje, mas,

INTRODUÇÃO AO RISCO: SEUS INUSITADOS "O QUÊ" E "ONDE"

como você sabe muito bem, essa previsão é muito grosseira. O Google seria mais exato se previsse "quinze minutos, mais ou menos cinco minutos, dependendo das condições do tráfego". Os cinco minutos extras são uma estimativa de risco.* Se você não considerar esse tempo extra, talvez chegue atrasado.

Se usadas corretamente, as ferramentas extraídas da economia financeira nos ajudam a compreender os trade-offs e os perigos que talvez despontem mais à frente. Elas podem ajudá-lo a decidir melhor e a reduzir o risco. Os modelos financeiros nos orientam nas decisões que enfrentamos na vida. Ao planejar uma viagem usando um mapa rodoviário, você traça um roteiro de como chegar ao destino e de onde ele se situa em relação a outros lugares. Esse mapa aumenta as suas chances de chegar até lá, e pode torná-lo mais propenso a pegar a estrada e fazer a viagem.

Usar o mapa rodoviário, porém, não garante uma viagem segura. O mapa provavelmente não inclui a árvore em que você pode bater com o carro, porque estava digitando mensagens de texto enquanto dirigia. Também não inclui o caminhão Mack que pode acidentalmente bater em você, mesmo que você dirija com segurança.

Isso não significa, contudo, que você deve jogar fora o mapa rodoviário. Ele ainda aumenta as chances de uma viagem tranquila, sobretudo se souber lê-lo e for prudente. Nos próximos capítulos, contarei histórias de tomadores de risco de diversos rincões da economia, desde trabalhadoras do sexo até soldados, surfistas e criadores de cavalos. O único ponto em comum entre eles é o risco. Nenhuma dessas pessoas jamais trabalhou em Wall Street, mas todas usam as mesmas estratégias dos financistas para gerenciar riscos. Essas histórias mostram como as lições de finanças podem ajudar-nos a navegar na economia moderna.

---

* O Google tem esses dados, mas não os torna públicos.

REGRA 1
SEM RISCO, SEM RECOMPENSA

Não ficaremos em Nevada por causa dessa regra, embora muitas vezes, ao ouvirem "sem risco, sem recompensa", as pessoas pensem logo em altas apostas em Las Vegas. Nessa afirmação contundente, mas, em geral, mal interpretada, é onde quase todo mundo erra. Focamos no risco, pensamos apenas nele quando temos que tomar uma decisão. Mas o mais importante é a recompensa. O risco tende a ser menor quando estamos atrás de algo que almejamos. Parece óbvio, mas, não raro, assumimos riscos só porque queremos mudar. E, agindo assim, quase sempre perdemos, não importa o que aconteça.

Essa regra nos ensina a definir aonde estamos indo, antes de passar para a faixa de alta risco. O capítulo 2 explica como a definição inequívoca da recompensa almejada aumenta as chances de explorar o risco. E, em geral, precisamos definir a recompensa em termos de o que o risco não é — ou o que é *livre de risco*. "Livre de risco" é um dos conceitos mais poderosos em finanças. O capítulo 3 explica de que maneira usar esse conceito como fundamento da decisão financeira.

O capítulo 4 explora como medir o risco e identificar os riscos com que se preocupar. Em seguida, no capítulo 5, examinaremos os diferentes tipos de risco a serem enfrentados. Alguns riscos são mais fáceis de gerenciar do que outros, e vale a pena saber a diferença.

2
Recompensa: para alcançar o que se quer, é preciso saber o que se quer

Se você não sabe para onde está indo,
você pode acabar em outro lugar.

Yogi Berra

ASSUMIR UM RISCO SEM UM OBJETIVO É como pegar um carro e sair dirigindo por aí, sem destino, esperando chegar a um lugar maravilhoso. É até possível que você encontre algum lugar esplendoroso, mas as chances são de que acabe em um lugar onde não quer estar.

Todos temos dias em que queremos deixar o emprego, romper nossos relacionamentos e começar tudo de novo. Quase todos conhecemos gente que já fez isso, e, com mais frequência, a experiência não deu certo. Essas pessoas ainda padecem no mesmo emprego e se lamuriam dos mesmos relacionamentos. Para conseguir um trabalho melhor, precisamos saber o que queremos em nossa carreira profissional. Para manter um relacionamento melhor, devemos ser claros sobre o que procuramos num parceiro.

Obviamente, com um destino em mente, é muito mais provável que você o alcance. No entanto, a toda hora assumimos riscos sem ter uma ideia clara de por que nos arriscamos.

O risco pelo risco até pode ser uma estratégia política viável. Quando nos sentimos frustrados pela inação e pelas contendas dos políticos tradicionais, surgem candidatos que prometem "transformar" ou "sacudir" tudo. Essa mensagem revigorante nos fascina porque o statu quo não é assim tão bom. Mudar pode ser uma mensagem vencedora, mesmo sem sabermos exatamente o que será transformado. Não admira que, em geral, fiquemos decepcionados, porque assumir riscos pelo desconhecido, pelo risco em si, é uma estratégia de risco ruim. Só cria incerteza, sem a promessa de uma recompensa clara.

Parece simples, mas saber o que se quer talvez seja a parte mais difícil do gerenciamento de riscos. As pessoas gastam milhares de dólares com terapeutas e com *coaches* de competências para a vida, tentando descobrir o que querem da vida. Embora não seja substituta para uma boa terapia, a economia financeira oferece um método que pode ajudá-lo a definir os seus objetivos, algo que, mais que qualquer outra solução, aumentará as suas chances de obter resultados favoráveis. O seguinte processo de três passos oferece clareza e ajuda a apreciar o grau de risco a ser assumido para alcançar os seus objetivos.

1. Qual é o seu objetivo final? Se o alcançar, quais serão as consequências?
2. Como realizar os seus objetivos, sem qualquer risco ou com o mínimo de risco? Em outras palavras, o que garante que você realizará o seu objetivo?
3. Será a opção *sem risco* factível ou desejável? Se não, quanto risco você precisa assumir para conseguir o que quer?

Esse processo expõe um conceito que os economistas financeiros usam todos os dias: *livre de risco*. A opção livre de risco é a que entrega o que você quer, com certeza absoluta. Se estiver decidindo o que fazer hoje à noite e o seu objetivo for passar algumas horas agradáveis, a alternativa livre de risco talvez seja ficar em casa e ver Netflix no sofá, porque você sabe como tudo acabará. Arriscado é sair. Qualquer coisa poderia acontecer: você pode encontrar o amor da sua vida ou perder a vida debaixo de um carro.

Livre de risco parece diferente para cada pessoa, por isso, compreender o que é livre de risco oferece clareza e o ajuda a avaliar o risco. Simplesmente definir com nitidez o que você quer e adotá-lo como objetivo é uma ferramenta extremamente poderosa. Geralmente exaltamos os tomadores de risco, mas a diferença entre vencedores e perdedores não é assumir os maiores riscos — é assumir riscos inteligentes, ou se arriscar com objetivos claros. Veja a história de Kat Cole. Ela saltou da pobreza para a liderança de uma empresa bilionária em torno dos trinta anos. Ela assumiu o que pareciam ser grandes riscos, um depois do outro, para chegar lá, mas todos produziram resultados, porque Cole sempre soube exatamente o que queria e quando o risco seria recompensador.

O MiniBon

Kat Cole talvez pareça alguém que nasceu com sorte. Como coo, ou executiva-chefe de operações da Focus Brands, ela dirige marcas bem conhecidas, como Cinnabon e Auntie Anne's Pretzels. Elegante e articulada, divide o tempo entre suas casas em Atlanta e Nova York, quando não está viajando mundo afora. A maioria das pessoas jamais imaginaria de onde Cole veio e o que teve de superar para alcançar tamanho sucesso.

Cole ficou famosa ao diminuir o tamanho dos produtos da marca Cinnabon, pães recheados de açúcar e canela amanteigada. O adorado pão doce original — com todas as suas 880 calorias — era do tamanho do seu rosto e absolutamente irresistível. Cole tinha 32 anos quando foi contratada em 2010. A Cinnabon já vinha sofrendo perda de receita nos seis anos anteriores. A recessão afastara o público dos shoppings e aeroportos, e os clientes alegavam que queriam escolhas mais saudáveis. A Cinnabon precisava agitar as coisas: entra em cena o Projeto 599.

O Projeto 599 visava reduzir as calorias do Cinnabon tradicional, com um produto que ficasse abaixo de seiscentas calorias. As pesquisas mostravam que a oferta de alternativas com menos calorias poderia aumentar as vendas,[1] mas diminuir as calorias significava produzir um pão entupido de adoçantes e estabilizadores artificiais. Cole, que na época era presidente da Cinnabon havia pouco mais de um ano, matou a iniciativa. O novo pão não era saboroso. Ela manteve a receita original e fez com que todos os franqueados oferecessem o MiniBon, com 350 calorias, uma versão menor, do tamanho do seu punho. Esses pãezinhos já existiam, mas eram vendidos em menos de 15% das lojas Cinnabon.

Os franqueados estavam céticos. O Cinnabon era famoso pelo tamanho. Se a empresa vendesse uma versão menor, teria de oferecê-la a preço inferior — 2,50 dólares, em vez de 3,60. Se muitos clientes optassem pelo míni, o lucro seria menor. O míni também exigiria investimentos em novos equipamentos para assar. Cole acreditava que os pãezinhos aumentariam o volume, pois atrairiam novos clientes que não queriam um pão do tamanho de um rosto. Ela convenceu os franqueados a assumir o risco e a apostar no volume. O risco foi recompensado: as vendas do pão original mal caíram, ao passo que as vendas totais aumentaram em 6%, devido em grande parte ao míni. A Cinnabon progrediu, enquanto outras empresas de fast-food semelhantes afundaram ou faliram.

Cole tinha um objetivo claro: aumentar as vendas. Todos na Cinnabon concordaram com o diagnóstico do problema: o pão original, altamente calórico, não vendia bem em um mercado mais conscientizado em relação à saúde. Cole começou perguntando por que a Cinnabon estava tentando reduzir as calorias, e a equipe executiva respondeu que "havia todas aquelas pesquisas demonstrando que as vendas subiriam com uma alternativa menos calórica". Mas "todas aquelas pesquisas eram sobre petiscos de alta frequência, como batatas fritas; ninguém come Cinnabon todos os dias", explicou Cole. "Esse não é o nosso modelo. Atuamos em contextos infrequentes, como shopping centers e aeroportos. Nossos produtos se destinam a autogratificações mais esporádicas. A questão era problemática porque a versão com estabilizadores e adoçantes artificiais não seria tão deliciosa, e ainda teria 599 calorias."

De alguma maneira, a versão de baixa caloria — não vendas mais altas — se tornara o objetivo. Cole acertou na mosca ao perguntar às pessoas que trabalhavam no 599 "se elas comprariam um pão com 599 calorias que não fosse saboroso, e todas responderam não".

Cole diz que, quando as pessoas querem mudar, geralmente "assumem o risco pelo risco". Raramente dá certo.

Dobrar a aposta na decadência de um Cinnabon parecia ser uma manobra ousada demais para Cole, muito mais jovem que quase todos os colegas. Ela era nova na empresa e no mercado de fast-food. Enquanto isso, o resto da indústria de fast-food ainda tentava descobrir opções de menu "saudáveis" de baixa caloria. À época, optar por ficar com um produto denso em caloria/altamente calórico parecia um grande risco, em que Cole apostou a carreira.

Você pode ver o conceito "livre de risco" em ação na decisão de Cole. Primeiro, ela identificou o objetivo — aumentar as vendas num mercado em mutação. Observe como evitou a escolha que travou os concorrentes — criar uma alternativa saudável. Não fazer nada pareceria livre de risco, mas não contribuiria para alcançar o objetivo, porque as vendas continuariam a cair.

Então, Cole focou na opção de mais baixo risco, que aumentaria as vendas. Os colegas acharam que uma base de massa dietética era a resposta, porque todos na indústria estavam oferecendo versões de seus produtos com baixa caloria. Para Cole, porém, esse caminho era mais arriscado, porque um novo produto não garantia aumento das vendas e envolvia o risco de comprometer a marca, com implicações de baixa qualidade e decadência do produto.

Portanto, se um novo produto não era a solução, "a única saída para reduzir as calorias era diminuir o tamanho ou mudar os ingredientes", ela explica. O pãozinho menor já estava no mercado; alguns franqueados já o estavam vendendo havia quase uma década. Trabalhar com um produto corrente, em vez de mudar a receita de um produto adorado, era, efetivamente, menos arriscado do que parecia, sobretudo porque havia evidências de alguns franqueados de que o pãozinho menor venderia bem e não comprometeria a reputação da empresa. Com base nesses dados, apostar no novo pão de canela menor era a maneira menos arriscada de aumentar as vendas, e funcionou. Em um ano, a receita dobrou e a Cinnabon tornou-se uma marca de 1 bilhão de dólares.

Cole aprendeu a gerenciar riscos fazendo escolhas não convencionais no começo da vida. Ela teve uma infância caótica, um pai alcoólatra. O pai tinha uma vida razoável, graças a um emprego de escritório, algo incomum, uma vez que ambos os lados da grande família viviam em trailers e em casebres. Mesmo sem meios para sustentar-se fora do relacionamento, a mãe de Cole tomou a difícil decisão de ir embora, levando as filhas consigo. Ela trabalhou em vários empregos, enquanto mantinha a família com dez dólares por semana para alimentar quatro pessoas, dependendo, assim, de Kat, a mais velha, então com somente nove anos. Com uma lista de tarefas, Kat administrava a casa, e, no processo, aprendeu que assumir riscos também significava se matar de trabalhar e fazer das tripas coração. "Naquela época, eu não podia imaginar a importância daquela lição para os negócios. A convicção de que era possível tomar decisões difíceis e não convencionais e fazê-las funcionar."

Cole escolheu uma carreira estável, especializando-se em engenharia na Universidade do Norte da Flórida, com a aspiração de ser advogada corporativa. Para pagar os estudos, trabalhava como garçonete no Hooters, cadeia de restaurantes famosa pelas garçonetes uniformizadas, com blusas justas e microshorts laranja.

Cole era ótima garçonete. Quando a atendente do bar não podia trabalhar porque o filho estava doente, Cole cuidava do bar. Quando a equipe da cozinha ficava desfalcada porque os chefs não faziam horas extras, Cole fritava as asas de frango. Quando Hooters perguntou ao gerente quem era o melhor empregado do franqueado, o gerente indicou Cole. Hooters precisava de alguém que fosse à Austrália treinar os empregados de um novo franqueado, e convidaram Cole. "Eu disse sim, e parti para a Austrália. Eu não tinha passaporte; nunca havia entrado num avião; jamais saíra do país. Mas, ainda assim, disse sim, e, então, ralei pra valer."

Cole desabrochou na função, e, em breve, Hooters a fez voar mundo afora para ajudar a lançar novas franquias. Seus estudos, porém, sofreram as consequências, e ela começou a faltar às aulas. Ela precisava escolher: deixar a faculdade e desistir do sonho de ser advogada corporativa ou parar de viajar para a Hooters.

Bill Gates e Mark Zuckerberg deixaram a faculdade e ficaram bilionários, mas Cole não estava saindo de Harvard, nem tinha amigos poderosos e relacionados, nem contava com uma família rica, nem estava indo para o vale do Silício, onde há quem considere uma insígnia de honra abandonar os estudos para empreender. No mundo de Cole, a faculdade era o caminho mais seguro para o sucesso e representava a estabilidade que ela não teve quando criança. De início, ela supunha que chegaria lá exercendo o direito corporativo, mas, então, se deu conta de que ser advogada não era o seu objetivo final — era apenas uma maneira de chegar lá. E alguém lhe oferecia o caminho para o que ela mais almejava, mesmo que não fosse a maneira escolhida pela maioria das pessoas. E saiu da faculdade. Nem todo mundo teria chegado a essa conclusão com tanta clareza; para muita gente, parecia uma escolha arriscada.

Cole foi capaz de compreender que deixar a faculdade era a decisão certa porque essa era a sua sensação, e a escolha se revelou de baixo risco para os seus objetivos. "Não era uma decisão difícil nem parecia arriscada, porque eu tinha uma alternativa convincente", ela se lembra. "Eu não estava à toa na vida, enrolando... não tenho certeza se faculdade é para mim... darei um jeito de fazer alguma coisa. Eu estava percorrendo o mundo e era boa naquilo... eu estava fazendo o que eu amava, e tinha a oportunidade de continuar fazendo, mas não havia garantias. Não existia contrato. Eu não passava de uma horista. Ninguém me chamou para conversar nem afirmou que aquela era a minha carreira; que eu podia apostar naquilo. Mas tudo estava dando certo."

Cole trabalhava todas as horas que conseguia para arrancar 45 mil dólares por ano. Finalmente, a sede da Hooters ofereceu-lhe um cargo assalariado, de 22 mil dólares por ano, que ela aceitou, porque aquela era a chance de escalar a hierarquia da empresa para uma função executiva. Cole galgou as fileiras e tornou-se vice-presidente executiva aos 26 anos. Ela pode ter desistido da faculdade, mas as empresas que geralmente só contratam alunos graduados pelas melhores universidades agora tentavam recrutá-la para cargos mais altos, na gestão de empresas de capital fechado. Ela continuou na Hooters, "embora fosse um pouco constrangedor, sempre que eu entregava o meu cartão de visita".

Embora não tivesse diploma universitário, Cole acabou conseguindo um MBA. Em 2010, ela era uma estrela na indústria de restaurantes, e recebeu uma oferta boa demais para ser recusada, a chance de dirigir a Cinnabon.

Para quem observa de fora, as primeiras escolhas de Cole talvez tenham parecido arriscadas à época, mas ela deve suas vitórias à capacidade de assumir riscos de maneira inteligente. Em grande parte, o sucesso de Cole se resume em definir objetivos claros e descobrir os meios menos arriscados para alcançá-los. Ela não hesitou em deixar a faculdade nem em acabar com o Projeto 599. Para a maioria das pessoas, o caminho nem sempre é tão claro.

Saber o que quer é difícil, sobretudo quando se sabe que a mudança é necessária. Em economia financeira, o primeiro passo é identificar o objetivo e precificá-lo em condições livres de risco. Há um investimento conhecido como ativo livre de risco, que oferece aos investidores algo que nenhum outro investimento proporciona: previsibilidade. Em finanças, livre de risco promete retorno certo, não importa o que aconteça. Se o mercado quebrar, mesmo assim você sabe o que receberá, nada menos. Se o mercado disparar, você continuará recebendo o que lhe foi prometido, nada mais. O preço desse ativo livre de risco é a informação mais importante em qualquer problema de investimento, ou em qualquer decisão a ser enfrentada.

O preço de *livre de risco*

Suponha que as férias da família custarão 3 mil dólares. Se você precisar de 3 mil dólares no futuro próximo, você deve investir o dinheiro das férias num lugar seguro; você não quer perder um tostão no mercado. Pode ser uma simples conta de poupança ou um título do Tesouro. Cada uma dessas alternativas oferece taxa de juros fixa durante um prazo certo. Para ter cerca de 3 mil dólares por ocasião das férias, você precisaria investir 2,97 mil dólares, a juros de 1% ao ano, durante um ano.

Arriscado, nesse caso, é tudo o mais — títulos de longo prazo, ou debêntures, ações, ouro, bitcoin —, todas essas alternativas oferecendo retorno esperado muito mais alto e a chance de os seus 2,97 mil dólares virarem 6 mil dólares em seis meses. Mas tem o risco de o mercado desabar e você ficar com apenas quinhentos dólares para as férias da família. Se o seu objetivo é ter 3 mil dólares para as férias no ano que vem, sua escolha livre de risco é a conta de poupança, que paga juros de 1% ao ano. Compreender isso antes de investir tem duas funções importantes.

Primeiro, ajuda-o a calcular o risco a ser assumido para alcançar o seu objetivo. Suponha que alguém lhe ofereça um investimento que

RECOMPENSA: PARA ALCANÇAR O QUE SE QUER, É PRECISO SABER O QUE SE QUER

garanta dobrar o seu dinheiro em um ano (na verdade, nesse caso, você deve sair correndo e prevenir os amigos e familiares, para que evitem essa pessoa — mas, só para argumentar, vamos assumir que a oferta seja legítima). Se esse investimento realmente existir, não há necessidade de correr o risco de perder dinheiro no mercado de ações, bastando economizar 1,5 mil dólares para as férias da família. A taxa livre de risco impõe o custo do baixo retorno à certeza de conseguir o resultado esperado. Se a sua disponibilidade é de apenas 1,5 mil dólares, você não tem condições de escolher o resultado livre de risco; portanto, das duas uma: assumir mais risco ou escolher férias mais baratas.

Segundo, e mais importante, o processo de definir livre de risco ajuda a esclarecer os seus objetivos. Conceituar o que significa livre de risco para você o obriga a refletir sobre o que você quer e sobre o que acontecerá quando você o conseguir. O retorno de 1% ao ano indica quanto você terá em um ano. Se você tiver 2 mil dólares hoje, serão 2,02 mil dólares daqui a um ano; se você tiver 2,97 mil dólares, você sabe que terá o suficiente para as férias.

Mas talvez seja difícil ver a escolha livre de risco, porque não há um único ativo universal livre de risco; depende do seu objetivo. Para a maioria das pessoas, deixar a faculdade seria arriscado. Para Cole, porém, sair da faculdade foi uma escolha menos arriscada do que ficar anos na escola e assumir uma dívida para ser advogada corporativa, pois almejava um objetivo específico — um cargo executivo — e alguém lhe estava oferecendo um caminho para chegar lá quando ela era uma jovem de dezenove anos. Expressar o seu objetivo claro e atribuir-lhe um preço livre de risco é o primeiro passo para a boa gestão de riscos.

Livre de risco é uma situação diferente para cada pessoa, porque depende do seu objetivo. Isso é verdade até em finanças.

Livre de risco para mim, mas não para você

Suponha que você queira levar o seu parceiro para uma viagem dos sonhos, ao se aposentar daqui a vinte anos. Sua estimativa é que a viagem custará 30 mil dólares.

Ter 30 mil dólares em vinte anos, livre de risco, é mais complicado. Você precisa ter a certeza de que não perderá dinheiro nos mercados e de que a sua poupança acompanhará a inflação. Se a inflação for, em média, de 2% ao ano,* durante vinte anos, 30 mil dólares hoje só valerão 20 mil dólares quando você fizer a viagem. A conta bancária em que você poupa para as férias da família não é livre de risco para um investimento de vinte anos, porque a taxa de juros que ela paga provavelmente não acompanhará a inflação. O ativo financeiro livre de risco para as férias da aposentadoria é um título de vinte anos, que garante que o retorno do seu investimento acompanhe a inflação.

Definir o objetivo em condições livres de risco ajuda a esclarecer qualquer decisão na vida. Todos nós conhecemos pessoas que querem se casar, e imaginam que a maneira livre de risco de realizar esse objetivo é se unir a alguém que as ame intensamente, ainda que elas mesmas não retribuam esse sentimento, não amando quem as ama. Na verdade, essas pessoas sentem-se mais seguras ao assumirem que essa pessoa que as ama jamais as deixará, para que não sofram a mágoa do abandono. Esse casamento, porém, carece de uma conexão mútua intensa e não é robusto o suficiente para enfrentar os desafios da vida, e o casal se separa. Se simplesmente *casar* é o propósito, uma escolha livre de risco é unir-se à primeira pessoa que as ama. Se, porém, o objetivo é *ficar casado*, esse arranjo é uma escolha de alto risco.

Pense em outra decisão da vida: suponha que você encontre a casa dos sonhos em um mercado imobiliário aquecido. Se o seu objetivo é conseguir essa casa específica, a opção livre de risco é dar um lance alto, talvez acima do preço pedido, tanto quanto você esteja preparado para pagar (assumindo que não esteja pagando mais do que tem condições de pagar) — para garantir o imóvel almejado. Isso eliminará o risco de ser superado em sua oferta, mesmo que pague um preço excessivo. Se essa é a única casa dos sonhos e você pretende morar nela pelo resto da vida, pagar demais é o preço a pagar pela certeza de não perder uma guerra de ofertas.

---

* A taxa de inflação também é arriscada; pode ser mais ou menos de 2% ao ano.

Se, porém, você quiser uma boa pechincha, para ganhar dinheiro nesse investimento, ou se planejar vender a casa no futuro previsível, o objetivo é diferente, e, portanto, também a sua estratégia livre de risco deve ser outra. Se o objetivo é pagar tão pouco quanto possível, em vez de conseguir a casa perfeita, então você deve oferecer menos do que supõe seja o valor da casa e aceitar o risco de perder a guerra de ofertas. Do contrário, você arrisca pagar demais e perder dinheiro ao vender a casa.

As pessoas não raro confundem os dois objetivos e oferecem pouco por uma casa que realmente querem, ou caem na armadilha do mercado frenético, pagando demais por uma casa que pretendem vender em cinco anos.

Suponha que você esteja pensando em aceitar um novo emprego. Você está satisfeito com o atual emprego; seu chefe é compreensivo e não se importa que você saia cedo, quando necessário; e você domina as competências exigidas pela função. Se o seu objetivo é impulsionar a carreira ou receber um salário mais alto, ficar no emprego atual não lhe dará o que você quer e talvez até seja mais arriscado do que mudar de emprego. Assumir um novo emprego o obriga a ampliar a sua rede e a aprender novas habilidades, o que pode reforçar a sua carreira, impulsionar os seus ganhos e torná-lo mais empregável no futuro. Se, no entanto, o seu objetivo for o equilíbrio trabalho-vida, deixar o emprego atual é um grande risco, já que o seu novo chefe talvez não tolere as outras demandas da sua vida pessoal. Dominar novas competências e manejar a política da empresa exige jornadas mais longas. O risco da escolha depende dos seus objetivos.

Quase sempre precisamos equilibrar objetivos conflitantes — a casa que amamos, pela qual pagamos caro, e outra que não é a ideal, mas que está barata; uma carreira estável, que oferece equilíbrio trabalho--vida, e uma oportunidade de ganhar mais e progredir na carreira. Antes de tudo, porém, reflita sobre o que está procurando e raciocine em condições livres de risco, o que o ajuda a refinar os seus objetivos e reconhecer o grau de risco que lhe parece aceitável.

Qualquer pessoa pode assumir riscos, mas fazê-lo com um objetivo claro exige convicção e foco. Para tanto, é necessário saber exatamente o que você quer, e pouca gente tem esse discernimento. Um dos slogans favoritos de Cole é focar em coisas que são "pequenas o bastante para serem mudadas, mas grandes o suficiente para serem importantes". Em outras palavras, pegue o caminho menos arriscado para alcançar os seus objetivos.

Compreender o que queremos e avaliá-lo em contexto livre de risco deve ser o primeiro passo para medir qualquer problema de risco. Às vezes, porém, talvez na maioria delas, identificamos a escolha de baixo risco e constatamos que não é o que queremos ou é algo além de nosso alcance. Considere o exemplo da casa dos sonhos: se você não tem condições de pagar o sobrepreço, é preciso assumir o risco de perder a casa na guerra de preços. O capítulo seguinte explora o próximo passo, esclarecendo quando assumir mais risco.

3
Assumindo o risco: quando rejeitar a segurança e ir além

Os perigos da vida são infinitos,
e entre eles está a segurança.

Goethe

APRENDER A DEFINIR OS SEUS OBJETIVOS E precificá-los em termos livres de risco é o fundamento de qualquer boa estratégia de risco. O que acontece, no entanto, quando não queremos a opção livre de risco? Talvez ela seja cara demais; ou quem sabe ansiemos por mais risco e pela possibilidade de mais recompensa. Tendemos a pensar que assumir risco é uma escolha binária: assumimos ou não. No entanto, assumir risco inteligente envolve buscar mais, e assumir apenas o risco suficiente de que precisamos, ou com que nos sentimos bem, para alcançar nosso objetivo. Calibrar o grau de risco certo é o passo seguinte, mas, se ainda não definimos o nosso objetivo nem o precificamos em termos livres de risco, estamos propensos ao fracasso.

Cometi esse erro de maneira um tanto dolorosa. Os economistas de aposentadoria são em sua maioria cautelosos, na condição de funcionários públicos ou de professores avessos ao risco: eles não conduzem suas pesquisas em bordéis. Não planejei tomar esse rumo. Cheguei aqui porque assumi um grande risco no começo da carreira, sem um objetivo nítido nem a compreensão clara do que livre de risco significava para mim.

Às vezes até os economistas erram no livre de risco

No começo de 2006, eu estava caminhando às pressas por Copley Place, em Boston, com trajes formais e botas de neve, carregando sapatos de salto alto em um saco plástico. Vi, então, um aviso com uma seta embaixo: "Barneys [loja de departamentos sofisticada] entrevista aqui".

Por impulso, segui a seta até uma sala onde uma mulher bem-vestida estava sentada a uma mesa. "Vim para ser entrevistada como professora de economia", disse; em seguida, abaixando a voz, acrescentei: "Mas, aqui entre nós, acho que não tenho muito jeito para ensinar. Será que eu posso ser entrevistada para trabalhar na Barneys?".

Ela olhou para mim, sem entender, até que outra mulher, bem-vestida, que esperava pela entrevista, disse em tom indignado: "Você não pode ir entrando, assim, vinda da rua, e ser entrevistada. Enviei o meu currículo, semanas atrás".

Desisti, saí, e parti para a minha entrevista agendada. Também não consegui esse outro emprego.

Perseguir um ph.D. em economia foi um dos maiores riscos que já assumi, e foi o primeiro que parecia prestes a explodir. Poucos meses depois daquele dia, em Boston, após seis longos anos de trabalho duro, eu estava pronta para concluir a pós-graduação, sem emprego e sem plano para o futuro.

Há coisas piores na vida que ser jovem, saudável, com doutorado numa universidade de elite, sem emprego garantido. Em meu campo, porém, com pós-graduação, mas sem emprego, é uma bomba, e, depois de anos na faculdade, eu tinha perdido toda a perspectiva. Cheguei a confiar na economia como explicação para todas as ocorrências, acreditando que a economia e a minha vida estavam sob controle. Eu amava a ordem dos modelos econômicos, que se impunha ao mundo caótico. Muitos modelos assumiam que, se você fizer X, acontecerá Y: se você tributar menos, a economia crescerá; se você reduzir as taxas de juros, o desemprego cairá. Tudo aquilo tornou-se uma religião para mim. Se eu trabalhasse duro, conseguiria um emprego. Como não consegui, fiquei arrasada.

Senti-me atraída pela economia, para começar, por ter crescido em uma comunidade com muita pobreza. A economia oferecia respostas sobre desemprego e desigualdade, que eu tanto procurava; e, assim, entrei na escola de pós-graduação, com muita paixão pela disciplina. A verdade, contudo, é que eu estava totalmente despreparada para um ph.D., todo baseado em matemática. A maioria das pessoas jamais sonharia em cursar um ph.D. quantitativo sem, pelo menos, fazer especialização prévia em matemática na faculdade, mas, mesmo assim, fui adiante.

Tive dificuldade no primeiro ano, mal dormindo para desbravar compêndios inteiros de matemática, no intuito de concluir os trabalhos. Quase fui reprovada. O desafio me inspirou a redobrar os esforços: estava decidida a não só concluir a pós-graduação, mas também a ser a melhor aluna. Escolhi o tópico de pesquisa mais seguro e prático que eu podia imaginar — economia da aposentadoria.

A maioria dos jovens de 23 anos provavelmente escolheria um tema mais vibrante; no entanto, senti-me cativada pelo conceito de aposentadoria. Para mim, era o mais puro e belo de todos os problemas de economia: qual é a melhor maneira de injetar recursos no futuro? Como decidir quanto poupar agora ou depois?

Essa é a questão mais simples e, porém, a mais complexa a ser respondida pelos economistas, e, de resto, por alguém. Destilei-a em um problema matemático elegante, que descrevia exatamente quanto alguém deve poupar em um contexto de risco controlado. A maioria das dissertações econômicas não inclui problema matemático tão complexo, mas eu ainda estava frustrada por ser a aluna de matemática mais fraca. Se trabalhasse duro e resolvesse esse problema tão difícil, teria a certeza de que seria bem-sucedida — pelo menos supunha. Resolver um problema matemático tão difícil tornou-se minha estratégia de risco, embora eu não estivesse muito segura do que era sucesso para mim.

Tranquei-me na biblioteca e passei a melhor parte dos meus vinte anos isolada, tentando solucionar esse único problema matemático. Cinco anos depois, quando efetivamente o resolvi, eu esperava que alguma coisa acontecesse; mas, em vez disso, tudo se estilhaçou. O relacionamento com o meu orientador deteriorou-se, e a morte súbita de uma amiga próxima despedaçou-me emocionalmente. Meu pior inimigo, porém, era a ambivalência.

A maioria dos candidatos a ph.D. aspira a um cargo na academia. Esse é o objetivo-padrão, pelo qual você mede o sucesso. Por mais insano que pareça, depois de todos aqueles anos, eu nunca questionara esse propósito, até me deparar em entrevistas, para ser professora de economia, enquanto ouvia uma voz interior, gritando: *"Corra!"*.

Portanto, sem surpresa, torpedeei todas as minhas entrevistas e, com ela, meu plano de vida default. Incutiu-se em mim, na escola de pós--graduação, que a escolha livre de risco era conquistar uma posição que levasse à efetivação no magistério com estabilidade. Nada mais valia a pena ser feito, e, se deixasse a academia, você jamais poderia voltar. Portanto, afastar-se do único mundo que eu conhecia como adulta — para não falar na segurança do emprego — era uma jornada cósmica.

Como pós-graduada STEM (Science, Technology, Engineering, Mathematics), em pleno boom econômico, tomei a decisão contraintuitiva de ingressar no jornalismo, embora o setor estivesse afundando à época e meu estilo de redação fosse — para dizer o mínimo — acadêmico, desculpando-me pelo eufemismo. Dessa vez, contudo, eu tinha um objetivo claro: evitar matemática, divertir-me, conviver com pessoas. Para alcançar essas metas, jornalismo era uma opção livre de risco. Muitas publicações estavam lançando suas edições on-line, em 2006, e, portanto, não eram muito seletivas quanto a quem escrevia para os seus sites. *The Economist* ofereceu-me uma oportunidade não remunerada e a aproveitei. Não tinha ideia de aonde aquilo me levaria, ou durante quanto tempo eu teria condições de trabalhar de graça (uma escolha estranha para uma especialista em aposentadoria e pensões, que sempre pensa em financiamento do futuro), mas explorei a chance e me empenhei para que a experiência desse certo.

Nesse meio-tempo, um amigo mostrou minha dissertação, com o enigma matemático complexo, a Robert C. Merton, economista financeiro, ganhador do Prêmio Nobel. Pouco depois, ele me ofereceu um emprego. Juntos, desenvolvemos estratégias para ajudar as pessoas a investir para a aposentadoria. Ele tornou-se o mentor que eu nunca tive e me ensinou finanças. Trabalhar com ele mudou completamente minhas ideias sobre economia e a maneira como eu tomava decisões. E fui capaz de identificar os erros que eu tinha cometido ao calcular os riscos.

ASSUMINDO O RISCO: QUANDO REJEITAR A SEGURANÇA E IR ALÉM

Ao lançar-me numa pós-graduação difícil e demorada, sem qualquer ideia do que eu queria, depois de tanto esforço, assumi um risco sem objetivo claro. Nunca compreendi o que livre de risco significava para mim. Eu assumira, de início, que era para aprimorar a educação — quanto mais difícil, melhor. Essa presunção, porém, nem sempre é verdade, em especial para pós-graduações quantitativas e avançadas. O ativo livre de risco em que eu investira era um emprego acadêmico.

Não medi quanto risco eu queria tomar. Esperava mais de minha carreira e estava disposta a assumir riscos para corresponder às minhas expectativas. Não queria uma escolha livre de risco — algo que não percebi até tentar a entrevista na Barneys. No entanto, cheia de dúvidas, não estava confiante sobre a decisão, o que me impediu de avançar.

Não me arrependo de ter entrado na escola de pós-graduação, pois ela me ofereceu algumas oportunidades maravilhosas, inclusive, em última análise, a carreira que eu almejava. Se eu soubesse, porém, que desde o início estava perseguindo um objetivo livre de risco equivocado, eu teria gerenciado melhor meus riscos e me preparado adequadamente para a possibilidade de minha carreira tomar um rumo heterodoxo. Ainda teria ido para a escola de pós-graduação, mas a princípio com um emprego não acadêmico em mente. Ao adotar uma abordagem diferente, eu teria feito estágios fora do governo e da academia; assim, teria avaliado a intensidade do risco que eu poderia gerenciar, ao coletar amostras de ofertas fora da minha zona de conforto. Tive dificuldade em conseguir meu primeiro emprego porque me faltavam clareza e confiança. Tudo o que eu sabia era que ou você segue o caminho seguro prescrito ou afunda em algo desconhecido e obscuro. Se eu tivesse sido honesta comigo mesma desde o início, reconhecendo que a academia não era para mim, teria feito melhor trabalho, calibrando meus riscos e poupando-me — e a muitos entrevistadores — em muitas ocasiões.

Quando perseguimos objetivos equivocados e assumimos riscos desnecessários, as chances são de que as coisas não corram bem. Em que desafio da vida as pessoas erram mais na avaliação de situações livres de risco do que em qualquer outro? Meu primeiro amor, o problema da aposentadoria. Quando comecei a trabalhar com Merton, eu já vinha

43

pesquisando aposentadoria havia anos e supunha que a compreendia muito bem. Merton, porém, reenquadrou para mim o problema da aposentadoria, em termos que eu jamais havia considerado, explicando com muita clareza e detalhes o que livre de risco significa na aposentadoria e, com base nisso, como gerenciar riscos. Essa estratégia mudou a maneira como eu via tudo.

Aposentadoria *livre de risco*

Quando você se senta com uma planejadora financeira e ela lhe pergunta "Qual é a sua tolerância ao risco?", o que ela quer saber mesmo é quanto você admite perder. Mas essa é a pergunta errada. Ela não trata do objetivo da poupança: conseguir aposentar-se um dia. Pergunta melhor para chegar ao seu objetivo, sob a perspectiva livre de risco, é: "De que renda você precisará na aposentadoria, e que renda você quer?".

A indústria financeira foi organizada, em grande parte, para manter e aumentar a riqueza de entidades como fundos fiduciários e fundos patrimoniais. Quando nosso sistema de fundos de pensão financiados pelo empregador foi substituído pelas contas de poupança para a aposentadoria gerenciadas pelo empregado, a indústria financeira simplesmente aproveitou essa estratégia de investimento em fundos fiduciários e ofereceu-a ao público; essa estratégia genérica, contudo, desnorteou as famílias.

Lembre-se: para compreender o que é livre de risco, precisamos começar com um objetivo. As pessoas, em geral, e os gestores de fundos fiduciários não estão resolvendo o mesmo problema. Os gestores de fundos fiduciários querem construir fortuna que dure gerações. Para as pessoas comuns, o objetivo é poupar quando somos jovens e gastar quando somos velhos. Esse problema exige uma solução totalmente diferente daquela destinada a construir e preservar a fortuna ao longo de gerações — e, para piorar as coisas, é um problema muito mais difícil de resolver. Você não sabe quanto tempo o seu dinheiro deverá resistir, e, se gastar demais, você corre o risco de ficar pobre no segmento mais vulnerável da sua vida.

A sabedoria convencional na indústria financeira é acumular tanta fortuna quanto possível (estratégia do fundo fiduciário) e, então, gastar certa porcentagem, digamos, 4%, por ano, depois de se aposentar. Só que 4% por ano não é uma quantia fixa — a quantia efetiva que você recebe depende do que acontece no mercado de ações. Esse é o ponto em que a estratégia dá errado. Um salário previsível, como o que você recebia quando estava trabalhando, deve ser o objetivo do fundo de aposentadoria. A maioria dos trabalhadores não aceitaria um salário que variasse com as cotações das ações — por que seria diferente com os aposentados?

Na aposentadoria você está exposto a mais risco do que supõe porque, no caso, a indústria financeira definiu errado o conceito livre de risco. Talvez você suponha que aposentadoria livre de risco significa investir em títulos do Tesouro de curto prazo ou manter a poupança em caixa, porque, como vimos no caso das férias, esses investimentos não perdem dinheiro. E são boas as chances de que a sua conta de aposentadoria seja investida com base numa estratégia denominada fundo *target date*, ou data-alvo. Ela atenua o risco de o portfólio perder dinheiro à medida que você envelhece, desinvestindo de ações em bolsa e investindo em títulos de curto prazo. Como os preços dos títulos de curto prazo são muito estáveis e previsíveis, o saldo não flutuará muito. Essa estratégia oferece alguma certeza sobre a quantia que você terá poupado no dia de se aposentar.

Ela não oferece, porém, nenhuma certeza sobre quanto você pode efetivamente gastar a cada ano, porque não há como prever a sua sobrevida nem o que o mercado fará com a sua poupança durante a aposentadoria. É possível comprar essa certeza de uma seguradora, adquirindo uma anuidade fixa, isto é, pagamentos contínuos, a intervalos regulares; basta entregar a sua poupança a uma seguradora, e ela lhe paga uma importância fixa* por ano, durante toda a sua sobrevida, ou a de seu cônjuge, depois da aposentadoria. Nenhuma alternativa se aproxima tanto de aposentadoria livre de risco quanto essa, cumprindo o objetivo

---

* Essa quantia fixa pode ser indexada à inflação.

VIVER COM RISCO

de renda previsível, a cada ano de sua sobrevida, versus uma grande quantia poupada até o dia da sua aposentadoria, que você ainda deverá gerenciar. Importante ressalva à opção livre de risco de possuir uma anuidade é que essa compra nem sempre é livre de risco. Os preços das anuidades se baseiam em taxas de juros de longo prazo. Quanto mais baixas forem as taxas de juros, menos renda você receberá da seguradora. Suponha que você passe toda a sua vida ativa com um único objetivo: ter 1 milhão de dólares no banco, no dia de sua aposentadoria. No ano 2000, quando a taxa de juros reais de dez anos era de 4,4% ao ano, 1 milhão de dólares compraria uma anuidade de vinte anos, ajustada pela inflação, que lhe pagaria 75 mil dólares por ano. Em 2017, quando a taxa de juros reais de dez anos era de 0,43% ao ano, 1 milhão de dólares compraria apenas 52 mil dólares por ano. É impossível saber o melhor dia para comprar uma anuidade, e a diferença pode resultar em comer frutos do mar num restaurante elegante ou comer atum enlatado nos anos dourados de sua vida. O que você pode fazer, no entanto, é investir em títulos de longo prazo como ativo livre de risco. Investir para renda numa estratégia de baixo risco significa mudar a composição da sua carteira, de títulos de curto prazo para títulos de longo prazo, de modo que a sua riqueza se movimente conforme os preços das anuidades. A sabedoria convencional diz que os títulos de curto prazo são de baixo risco, ao garantir que o seu saldo de ativos não oscilará muito, mas, na verdade, podem ser muito arriscados quando o seu objetivo é renda para a aposentadoria, porque não acompanham os preços das anuidades.*

O prêmio da anuidade é o preço da aposentadoria livre de risco. Agora, você precisa compreender duas coisas: você quer a estratégia livre de risco? Se quiser, tem condições de pagar o preço? Infelizmente, a maioria das pessoas não tem condições de poupar o suficiente para uma aposentadoria livre de risco. As anuidades são caras e os títulos que fazem o hedge dos preços das anuidades não pagam juros suficientes. A maioria das pessoas precisa assumir mais riscos e investir também em ações.

---

* Se não comprar uma anuidade, você pode investir em títulos de longo prazo e alcançar nível semelhante de previsibilidade da renda.

Embora comprar uma anuidade não seja adequado para todos, o preço das anuidades oferece uma unidade de observação, inestimável. Nos Estados Unidos, muitos extratos de 401(k) agora mostram o saldo em termos de renda, com base no preço das anuidades. Esse é o preço de uma aposentadoria livre de risco. Esse preço indica quanto é possível gastar sem risco. Por exemplo, saber que você terá 52 mil dólares por ano para viver é mais significativo do que saber que tem 1 milhão de dólares no banco. O valor da renda livre de risco que a sua riqueza pode comprar é o fundamento de qualquer plano de gastos, quer você compre ou não a anuidade. Se, por exemplo, a sua poupança só dá para comprar uma anuidade que pague 52 mil dólares por ano e você pretende gastar 70 mil dólares por ano, você sabe que precisa assumir algum risco para ter a renda almejada.

O preço da anuidade o ajuda a medir quanto risco você pode suportar ou precisa assumir no mercado. Suponha que, dos 70 mil dólares, você estime precisar de 50 mil dólares por ano para as suas despesas correntes, como o carro e a casa, e 20 mil dólares para despesas mais discricionárias, como viagens e restaurantes. Faz sentido investir cerca de 30% da sua poupança para a aposentadoria em algo mais arriscado, para financiar os 20 mil dólares de despesas discricionárias, e investir o restante em ativos livres de risco, como em títulos de longo prazo ou em anuidades. Essa estratégia garante que você terá condições de pagar todas as suas despesas necessárias, não importa o que aconteça no mercado, e ainda oferece alguma recompensa, com base no que você pode arriscar.

A conversa que você precisa ter com o seu planejador financeiro, em relação à sua aposentadoria, não é sobre a sua propensão ou aversão ao risco; em vez disso, vocês devem falar sobre a renda em que deve apostar. Esse tipo de discussão não só o ajuda a planejar a aposentadoria, mas também muda a sua maneira de investir e de abordar o risco.

4
Mensuração do risco: a interminável busca de Hollywood pela certeza

Não é certo que tudo é incerto.

Blaise Pascal, *Pensamentos*

LIVRE DE RISCO É A CERTEZA de um resultado único e previsível. Risco é o oposto, é a incerteza do que pode acontecer e da chance de que venha a acontecer. Num mundo perfeito, temos uma estimativa de risco que capta todos os resultados possíveis e avalia as chances exatas de que ocorra cada resultado. Mas o mundo está cheio de incerteza, e não temos imaginação para antecipar tudo o que pode dar errado (ou certo), além de raramente sabermos as chances exatas de qualquer coisa. Tudo o que podemos fazer é conjecturar, e, geralmente, a maneira mais científica de conjecturar é fazer uma estimativa dos riscos: analisar dados do passado e elaborar uma gama de coisas que podem acontecer no futuro, com estimativas da probabilidade de sua ocorrência.

Às vezes é fácil fazer uma estimativa acurada; outras vezes, a mensuração do risco é quase impossível. Quando se lida com os desafios de mensurar o risco, não consigo imaginar melhor exemplo do que a indústria cinematográfica. Um dos problemas mais difíceis de mensuração do risco, que tem driblado gerações de modeladores de riscos, é atribuir um número às chances de que o filme será um sucesso.

A terra dos modelos de risco quebrados

Hollywood geralmente é denominada a terra dos sonhos desfeitos, e qualquer lugar em que as apostas estejam erradas com tanta frequência é solo fértil para a nossa exploração de riscos. Todo dia, jovens esperançosos e talentosos vêm para Hollywood, na expectativa de fazer sucesso. No entanto, poucos realizam seus sonhos, e muitos vão embora com amargura e arrependimento. Hollywood também poderia ser chamada de terra dos modelos de risco quebrados. Investidores, como bancos, hedge funds, ou fundos multimercados, e seguradoras, têm uma longa história de vir para Hollywood, achando que podem domar o mercado, com ciência e dados, expectativa que termina com lágrimas ou com ações judiciais. Há um provérbio que ensina: "O segredo para ganhar muito dinheiro é chegar a Hollywood com três vezes a fortuna sonhada".

Vítima recente é Ryan Kavanaugh, nativo de Los Angeles, que encantou Hollywood com histórias sobre sua simulação Monte Carlo,* que residia numa sofisticada planilha em Excel e que prometia tornar previsível o imprevisível.[1] Ele alegava que seu modelo podia antecipar quais filmes seriam sucesso e quais seriam fracasso. Era um lance sedutor.

Essa previsibilidade é cativante exatamente por ser tão evasiva em Hollywood. Se o desempenho passado fosse previsor de sucesso, os investidores teriam ficado longe, mas todos em Hollywood estão procurando o próximo grande sucesso, num oceano de resultados aleatórios. Como outros anteriores, o modelo de Kavanaugh acabou fracassando, mas não antes de ter sido comprado por muitos investidores.

Na indústria cinematográfica, diz-se que é impossível prever o que será sucesso retumbante e o que será fracasso contundente. Cada filme é como um pequeno negócio, com centenas de variáveis. A única maneira de gerenciar o risco é fazer muitos filmes; a maioria não será lucrativa, uns poucos serão vitórias estrondosas e compensarão os fiascos. Essa é uma maneira arriscada de dirigir um negócio, e também explica por que são tantos os filmes ruins, com roteiros derivados, que

---

* Técnica de simulação numérica, usada comumente na indústria financeira. Simula a gama de possíveis resultados futuros.

VIVER COM RISCO

afundam nas bilheterias. Todos os anos estreiam superproduções notórias, que custaram milhares de dólares, e um drama independente, com um ótimo script, que saiu por menos de 10 milhões e ganhou 300 milhões de dólares.

Essa estratégia de apostar em tudo é um desperdício colossal de dinheiro e talento. Muitos grandes projetos de filmes nunca são executados, enquanto bilhões de dólares são esbanjados em armadilhas que as pessoas esquecem assim que saem do cinema.

Prever os vencedores é um problema de risco sobretudo árduo. Na maioria dos negócios, os tomadores de decisão podem confiar em dados do passado para ajudá-los a identificar os investimentos mais promissores, que oferecerão bom retorno no futuro. Uma boa estimativa de risco exige dados que podem contribuir de duas maneiras: (1) revelar lições do passado que serão relevantes no futuro; e (2) prever que certos resultados passados são mais prováveis de se repetirem do que outros. A natureza da produção de filmes sugere que seus dados de negócios carecem dessas duas características.

Para piorar as coisas, fazer cinema é empreendimento de alto risco, exigindo grandes investimentos antecipados, que demoram anos para gerar retorno, quando geram. Os estúdios lutam para reduzir o risco financeiro, levantando recursos de terceiros, para que os investidores e credores enfrentem as incertezas. Atrair esses financiadores geralmente envolve a exploração do último modismo, contratando grandes estrelas para o projeto ou recorrendo a receitas de merchandising. Supõe-se que essas estratégias aumentem a chance de ganhar dinheiro, mas nem sempre aumentam a probabilidade de que o filme será bom ou até lucrativo.*

Os investidores que financiam os filmes geralmente recebem uma participação societária, ou seja, parte do lucro da produção, depois da remuneração de roteiristas, atores, diretores, equipe de produção e

---

* De acordo com Nick Meaney, CEO da Epagogix, consultoria que usa aprendizado de máquina para melhorar os scripts, contratar celebridades não aumenta as chances de lucratividade, e o alto preço das estrelas raramente dá retorno.

editores.* Como o retorno esperado da maioria dos filmes é menor que zero, os investidores arcam com grande parte do risco financeiro, sem quase nenhuma recompensa. Para diluir o risco, geralmente se negocia uma lista com cerca de uma dúzia de filmes, em conjunto, mas os investidores raramente podem escolher os filmes a serem incluídos no rol.

Parece incrível que alguém concorde com esses termos, mas investir em cinema é empolgante e excitante; você se relaciona com estrelas e vai aos lançamentos. Matthew Lieberman, executivo da PricewaterhouseCoopers, diz que os clientes que querem entrar nos filmes geralmente são investidores sofisticados, que ficam ofuscados pelo glamour de Hollywood, participando de eventos de premiação, convivendo com celebridades — e fazendo investimentos que jamais considerariam em outros mercados.

Se alguém propusesse um método científico para selecionar os vencedores, o mercado de produção cinematográfica, em bom funcionamento, por certo estaria pronto para ser escolhido. Entra Ryan Kavanaugh.

Ele cresceu em Los Angeles, em uma família privilegiada, e constituiu um fundo de capital de risco com o pai, depois da faculdade, que levantava dinheiro entre os grandes investidores de Hollywood para investir em start-ups, na década de 1990. A empresa se desfez depois do estouro da bolha pontocom, em 2000, e Kavanaugh foi processado pelos investidores.

Poucos anos depois, ele renasceu das cinzas e cofundou a Relativity Media, em 2004, antes de chegar aos trinta. Escoltado por uma equipe de trituradores de números, fez o próprio marketing, como mago da matemática, em trajes casuais, capaz de fornecer a previsibilidade tão desejada por Hollywood e seus investidores. O senso de oportunidade não poderia ter sido melhor, porque os estúdios de cinema precisavam de uma nova fonte de financiamento, em meados dos anos 2000. Anos a fio, tinham dependido de um abrigo tributário alemão para atrair investidores e descartar parte do considerável risco financeiro do negócio de fazer filmes. A coalizão de Angela Merkel, porém, acabou com a farra depois da posse, em 2005.

---

* Às vezes, pequenos produtores de filmes independentes oferecem escopo para a redução de riscos: os estúdios podem descarregar neles o risco financeiro.

O abrigo tributário alemão proporcionava aos investidores e aos estúdios algum incentivo financeiro para investir em filmes; assim, sua extinção deixou os estúdios inseguros sobre como obter financiamento. Nesse meio-tempo, os hedge funds estavam procurando investir em ativos financeiros arriscados, de alto rendimento. Era a combinação perfeita. Kavanaugh saltou sobre a oportunidade, especialmente porque os hedge funds, com suas raízes em finanças, tinham de atribuir um número a qualquer risco que assumissem. O mago ofereceu aos investidores duas coisas que almejavam. Deu-lhes o glamour pelo qual tanto ansiavam. Um advogado da área de entretenimento, que trabalhou com Kavanaugh, declarou à revista *New Yorker*, em 2012: "Ryan sabe sugar as pessoas para o fascínio de Hollywood. Você é um banqueiro, vivendo uma vida monótona, e, de repente, está às voltas com celebridades do cinema. E fica pensando: Estou passeando pela praia com Gerard Butler! Antes de se dar conta, você está racionalizando por que cargas-d'água deve fazer esse investimento".[2]

E, o mais importante, Kavanaugh se dizia capaz de atribuir números confiáveis ao risco, exatamente o que os investidores institucionais precisavam ouvir, antes de pôr o dinheiro dos clientes na reta para fazer filmes. Kavanaugh ia para Nova York, visitava os bancos e os hedge funds, conversava no jargão de finanças e escrevia equações numa lousa, para quantificar as chances de o filme ser ou não lucrativo.

Os gestores de hedge funds precisam disso, porque medir o risco é o que se faz em finanças. As pessoas se sentem mais confortáveis quando podem quantificar as chances de sucesso. Todos somos assim.

Convertendo dados em risco: o que normalmente acontece

Qualquer que seja a decisão a ser tomada — importante ou ordinária —, a maneira mais simples de mensurar riscos é considerar o que aconteceu no passado e assumir que algo semelhante ocorrerá no futuro. Isso oferece uma estimativa confiável da gama de coisas que podem acontecer.

MENSURAÇÃO DO RISCO: A INTERMINÁVEL BUSCA DE HOLLYWOOD PELA CERTEZA

Se você dirige um carro para o mesmo aeroporto uma vez por mês, as chances são de que o percurso não dure exatamente 33 minutos todas as vezes. O mais provável é que geralmente demore de vinte a quarenta minutos, dependendo do tráfego e do tempo. Essa variação não considera a hipótese de ocorrer algo inusitado, como um acidente grave que provoque longo congestionamento. Em geral, decidimos com base na faixa normal de ocorrências possíveis. Se somos prudentes, assumimos que levaremos quarenta minutos para chegar ao aeroporto; se toleramos um pouco de risco, podemos admitir trinta minutos. Risco é o nosso palpite sobre o que pode acontecer no futuro; mais exatamente, é a *gama* de possibilidades e a probabilidade de cada evento possível. Adivinhar um único resultado corretamente — por exemplo, que um filme gerará 200 milhões de dólares — é quase impossível (nem Kavanaugh prometia essas previsões), mas as chances são de que sejamos capazes de conceber uma gama de resultados mais prováveis. Um grande lançamento de verão tem excelentes chances de auferir entre 1 milhão de dólares e 4 bilhões de dólares nas bilheterias dos Estados Unidos. Quatro bilhões de dólares são possíveis, mas é um número muito ambicioso; um lançamento de verão quase certamente arrecadará mais de 1 milhão de dólares; portanto, uma boa avaliação de risco exige a redução da amplitude da faixa de possibilidades.

Precisa-se de uma gama plausível em qualquer decisão sobre risco. Se você admitir um engavetamento de trezentos carros na ida para o aeroporto, sempre terá de sair com três horas de antecedência, para quase sempre perder o seu tempo valioso sentado num terminal vazio.

O difícil é saber o que constitui uma gama razoável. A faixa de vinte a quarenta minutos é suficiente, ou o tráfego é tão imprevisível que você precisará de cinquenta minutos, ou até de três horas?

Em economia financeira, a determinação da gama ideal é feita de maneira um pouco mais metódica. A mensuração do risco, como sabemos, é invenção humana recente. Até o fim do Renascimento e o começo do Iluminismo, a maioria das pessoas presumia que a incerteza era determinada por forças divinas e não podia ser mensurada.[3] Mas, no século XVII, os matemáticos Blaise Pascal e Pierre de Fermat começaram a medir probabilidades para jogos de dados. Os insights deles mudaram a maneira como os estudiosos encaravam o risco: começaram a tratar o risco como algo mensurável e controlável.

O matemático Jakob Bernoulli levou mais longe as contribuições desses pioneiros, cerca de sessenta anos depois, aplicando suas lições seminais ao mundo real, fora de situações controladas, com chances quantificáveis exatas, usadas até então. Ele assumiu que a gama de ocorrências no passado podia ser usada para prever as chances de uma ocorrência no futuro. Uma de suas principais contribuições foi a lei dos grandes números, segundo a qual, se você repetir um experimento muitas vezes, é possível estimar as probabilidades exatas do que pode acontecer no futuro.

Esses estatísticos desbravadores forneceram os pilares da estatística moderna, o estudo de como medir o risco, com base no que aconteceu no passado. Por exemplo, considere o preço de uma ação e quanto ele variou, para cima ou para baixo, durante um mês. A figura a seguir mostra quanto o preço das ações, do S&P 500, aumentou ou diminuiu a cada mês, entre 1950 e 2018. Imagine 824 viagens ao aeroporto, só que, no caso, trata-se de retorno mensal de ações. Se você

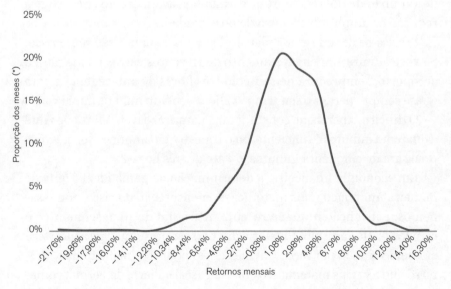

(*) número de meses em que ocorreu um retorno, como proporção do número total de meses (824)

assumir que o futuro será como o passado, essa figura mostra tudo o que poderá acontecer com o mercado de ações nos próximos 69 anos, e as chances de que ocorram.

Observe a forma da figura e veja como grande parte dos retornos se aglomera no centro. Na maioria dos meses, o mercado de ações oferece retornos entre −11% e +13%; um retorno de 16% é muito raro.

A economia financeira geralmente assume que o gráfico dos retornos da ações tende a tomar certa forma, denominada distribuição normal, ou curva de sino. É um gráfico suave e simétrico, e a maioria dos dados se acumula no centro. Parece a figura abaixo.

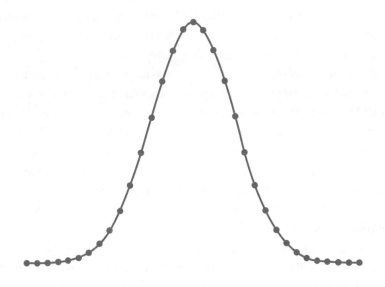

Se você acredita que a gama de ocorrências possíveis segue uma curva normal, é possível fazer uma estimativa rápida do grau de risco. É o chamado desvio padrão, ou volatilidade. A volatilidade indica a faixa de variação dos retornos das ações na maioria das vezes. Ou, para ser exato, a cada mês, em 68% das vezes, o mercado de ações dos Estados Unidos cairá 3% ou subirá 5%, ou apresentará alguma oscilação percentual entre esses dois extremos. Quanto mais ampla for a faixa de ocorrências, mais alto será o risco do portfólio (ou de qualquer tipo de situação), porque, tipicamente, se poderá esperar variedade mais ampla

VIVER COM RISCO

de ocorrências. Investir no mercado de ações de países emergentes é mais arriscado do que investir no mercado de ações dos Estados Unidos: nos países emergentes, os preços provavelmente oscilarão entre −8% e + 9%.

Se você for superneurótico em relação à ida para o aeroporto, talvez seja o caso de adotar a mesma técnica. Suponha que dirija um carro até o aeroporto novecentas vezes e estime a volatilidade da duração das viagens: a gama de tempo de viagem é de vinte a quarenta minutos. Você também observará que durações extremas, como três horas de viagem, em consequência de graves acidentes de trânsito, são menos prováveis. Só acontecem entre 1% e 2% das vezes.

O acidente de trânsito é denominado "risco de cauda", porque uma viagem até o aeroporto, com duração de três horas, é tão improvável que se situa na cauda da curva de distribuição normal.

Essas mensurações são a maneira como as pessoas em finanças definem risco: geralmente assumem uma distribuição normal e usam a volatilidade como medida-padrão do risco. Você provavelmente encontrará uma estimativa de volatilidade no extrato do seu fundo de investimento. Ela indica, aproximadamente, quanto você deve esperar que o valor da quota aumente ou diminua, supondo uma distribuição próxima à da curva normal. Mas o extrato do fundo pouco fala sobre o risco de cauda, que, embora improvável, pode ser uma ocorrência catastrófica, como o mercado de ações cair 40%.

A premissa da normalidade é controversa, e muitas evidências confirmam retornos de ações em desconformidade com a curva normal.[4] Se os retornos não configurarem a normalidade, a variação associada à volatilidade subestimará o risco. Assim, em nosso exemplo da ida para o aeroporto, a tendência é que a duração seja de vinte a quarenta minutos só em 50% das vezes. Ou que o risco de cauda, o pesadelo da viagem que dure três horas, seja mais provável do que o esperado, com o engavetamento de trezentos carros ocorrendo em 5% das vezes.

Fazer filmes em Hollywood é como o tráfego: não há nada normal nesse empreendimento.

56

Indústria cinematográfica: enviesar você

Tipicamente, é difícil mensurar o risco da indústria cinematográfica porque é quase impossível definir uma variedade razoável. Um filme é como uma ida ao aeroporto, que pode ter qualquer duração, entre dez minutos e duas horas.

Se você plotar a história dos lucros de filmes, verá que o gráfico parecerá totalmente diferente da distribuição normal assumida em finanças.

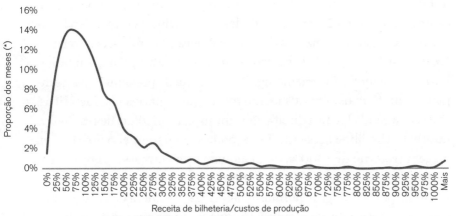

(*) número de meses em que ocorreu um retorno, como proporção do número total de meses

A figura acima mostra o quociente ou razão de receita de bilheteria (mercados externo e interno) sobre custos de produção de todos os filmes lançados[5] e apresentados em pelo menos uma centena de cinemas nos Estados Unidos, entre 2008 e 2017. Qualquer valor inferior a 100% significa que as vendas de ingressos não cobriram os custos de produção. Para cobrir as despesas de marketing e outras despesas atribuídas à produção, uma regra prática é que para ser lucrativo o filme deve auferir o dobro dos custos de produção.*

---

* Não incluídas despesas de marketing e receitas oriundas de vendas de DVD, de streaming e de exibições em TVs; essa cifra mede somente quanto dos custos de produção é recuperado pelas bilheterias.

Durante décadas, os retornos de bilheteria tiveram o mesmo perfil de risco, apesar de inovações como IMAX e da concorrência de streaming e de TVs de melhor qualidade. Os economistas Arthur De Vany e W. David Walls analisaram as receitas de bilheteria de 2015 filmes, entre 1985 e 1996, e plotaram quase exatamente a mesma forma.[6]

A figura é conhecida como distribuição assimétrica. É o que faz a indústria cinematográfica ser o negócio de filmes. Também descreve muitas decisões que enfrentamos no dia a dia.

A forma assimétrica mostra quão arriscada e imprevisível é essa indústria. Se há uma distribuição normal e o break-even ocorre no centro da distribuição, as quantidades de cenários lucrativos e não lucrativos são iguais, e a maioria dos filmes se encaixa numa faixa estreita de *break-even*. Com uma distribuição assimétrica positiva, como a anterior, ilustrando a indústria cinematográfica, a gama de possibilidades é ampla; há muito mais cenários lucrativos do que cenários não lucrativos. Observe a cauda longa à direita, que abrange a variedade de resultados positivos. Um filme nessa variedade poderia mal romper o *break-even*, ou gerar retorno de 1000%, ou qualquer coisa entre isso. Todos os cenários lucrativos são igualmente improváveis. As chances são de que um filme perca dinheiro, porque a maioria se aglomera na parte menor da curva, à esquerda, de prejuízo. Cinquenta e três por cento dos filmes exibidos não recuperam nas bilheterias as verbas de produção, e isso assumindo que sejam apresentados em muitos cinemas (a maioria não é). Mesmo que gerem lucro nas bilheterias, o potencial de ganho é altamente arriscado e incerto, com apenas uns poucos grandes vencedores.

A assimetria impõe problemas para a mensuração do risco. Para que a volatilidade diga o que acontecerá na maioria das vezes, precisa-se de uma distribuição simétrica normal. Se a distribuição for assimétrica, a volatilidade subestimará o risco; é possível que só sugira o que acontece em 30% a 40% das vezes. A cauda longa contém diversas possibilidades, todas quase igualmente prováveis e improváveis. Os estúdios sabem que a maioria dos filmes perderá dinheiro, mas que uns poucos estarão no fim da cauda longa e subsidiarão todos os perdedores, mas eles não sabem quais serão esses vencedores nem têm a menor ideia de se serão pequenos ou grandes sucessos.

É comum que o risco seja assimétrico; a distribuição simétrica é denominada normal, mas nem sempre é comum. Aspirantes a estrelas de cinema que chegam a Hollywood enfrentam uma distribuição assimétrica positiva. É provável que nunca consigam, mas há uma grande variedade de cenários potenciais de atores profissionais que têm alguma chance de chegar lá, desde fazendo pontas em filmes até tornarem-se o próximo superastro.

Imagine que esteja pensando em deixar seu emprego bem remunerado para trabalhar numa nova start-up de tecnologia. Lá você receberia menos do que em sua atual posição, mas teria direito a valiosas opções de ações. Reflita sobre os infortúnios que podem acontecer: a start-up pode fracassar ou você pode ganhar menos dinheiro por alguns anos e acabar deixando o negócio. Por outro lado, muitas são as possíveis vitórias: a start-up talvez seja o próximo Google, e você ficará bilionário; ou quem sabe a empresa seja comprada e você ganhe uma boa grana, mas ainda assim precise encontrar outro emprego; ou quem sabe a start-up alce voo e um dia lhe pague o que recebe hoje, mas você teria mais responsabilidades. Embora pareça haver mais vitórias do que derrotas, as más ocorrências são mais prováveis, porque a maioria das start-ups sucumbe. Se você plotou os possíveis eventos, a aparência da figura será mais a de uma distribuição assimétrica do que a de uma distribuição normal. O grosso da distribuição está na zona de perda, mas vê-se uma cauda longa que atravessa todos os cenários exitosos, embora improváveis.

Efetivamente, as estratégias de investimento das empresas de capital de risco, que aplicam dinheiro em start-ups, são semelhantes às de estúdios de cinema. Muitos de seus investimentos perdem dinheiro, mas os unicórnios exóticos rendem o suficiente para compensar as perdas com os malfadados. A história de Kavanaugh com capital de risco foi um bom preâmbulo para convencer as pessoas a dar tiros no escuro. A distribuição assimétrica na indústria também explica por que milhões de dólares são derramados em empresas de tecnologia fracassadas, que notoriamente são má ideia.

Kavanaugh alegava que o modelo dele gerava uma estimativa confiável dos riscos e resistiu ao feitiço da assimetria.

Como teria conseguido? Kavanaugh selecionou certos atributos do filme (como ator, diretor, gênero, orçamento, data de lançamento e avaliação) e estimou aqueles que mais contribuiriam para o sucesso no futuro, analisando dados sobre as mesmas características em filmes anteriores. O modelo produziu uma gama de cenários de lucro, com base em como esses atributos haviam atuado no passado. A escolha dos filmes em que investir, com base em certos fatores, pode significar menos risco, porque a distribuição resultante dessa estratégia pode oferecer estimativas de risco mais confiáveis.

Por exemplo, filmes de ação são investimentos mais arriscados, porque são mais dispendiosos. De 2008 a 2016, o orçamento de produção médio para um filme de ação foi de cerca de 104 milhões de dólares, em comparação com a cifra mais modesta de 19 milhões de dólares para o filme de terror típico.[7] Somente cerca de 35% dos filmes de ação recuperaram os custos de produção nas bilheterias, versus 67% dos filmes de terror. Portanto, Hollywood faz mais filmes de terror, certo? Errado. Entre 2007 e 2016, produziu-se mais do que o dobro de filmes de ação em relação a filmes de terror (216 versus 103).

A figura a seguir plota a gama de retornos para filmes de ação e filmes de terror. Muitas são as razões para fazer mais filmes de terror: eles tendem a se sair bem no mercado internacional; oferecem a possibilidade de franquia e merchandising; e, como os retornos de bilheteria são menos assimétricos, seu desempenho é mais previsível e são, portanto, menos arriscados como investimentos. O retorno dos filmes de horror, por outro lado, tem cauda longa muito extensa: muitos perdem dinheiro, e há ampla gama de recompensas para os vencedores. Mesmo que sejam lucrativos com mais frequência que os filmes de ação, eles são, sob certos aspectos, mais arriscados, porque são menos previsíveis.

Kavanaugh argumentava que o modelo dele podia produzir uma gama de cenários de ganhos potenciais confiáveis, porque o processo de selecionar certos atributos* aumentava a previsibilidade e as chances de gerar lucro. E, caso mais de 70% desses cenários de lucro se associassem

---

* Como Relativity favorecia filmes com orçamentos menores, ele geralmente não incluía filmes de ação em sua lista.

a lucro suficiente, Kavanaugh dizia aos investidores para pôr dinheiro no filme, como componente de uma lista de outros filmes escolhidos a dedo. Os estúdios ficaram tão entusiasmados com o potencial de financiamento que passaram a compartilhar todos os dados sobre seus lucros com Kavanaugh; ele o chamava o "Santo Graal" de Hollywood.[8]

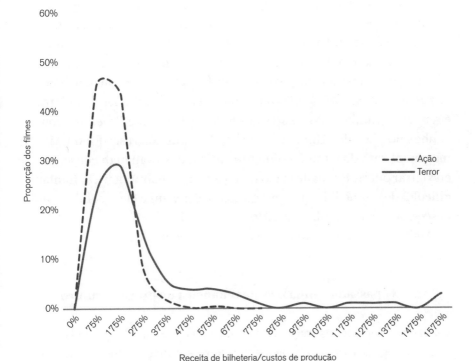

A planilha em Excel continha dados do Santo Graal, o que a transformou em algo ainda mais evasivo e cobiçado: estimativas de risco confiáveis, de que os hedge funds e os bancos precisavam para autorizar os investimentos. E, assim, eles semearam centenas de milhões de dólares nos filmes escolhidos por Kavanaugh. Em 2005 e 2006, ele financiou 36 filmes da Universal e Sony, e ganhou dinheiro para os investidores. Os hedge funds auferiram lucro de 150 milhões de dólares com uma das primeiras listas, retorno entre 13% e 18%.[9] Kavanaugh foi remunerado com milhões de dólares por filme e recebeu créditos de produção, embora, efetivamente, não tenha atuado na produção.

Até que Kavanaugh ficou ganancioso. Elliott Management, um hedge fund de 21 bilhões de dólares, pagou 67 milhões por 49,5% de participação na Relativity, em 2008. Isso deu a Kavanaugh acesso ao dinheiro de que precisava para que ele mesmo começasse a investir em filmes. Nesse ínterim, Kavanaugh perdeu o controle dos gastos: passou a usar em seu banheiro particular papel higiênico com uma imagem do presidente Obama; levou animais exóticos para o escritório; e começou a trabalhar em um hangar de aeroporto, prodigamente decorado. Ainda pior, seu modelo mágico parou de funcionar, selecionando bombas como *O caminho do guerreiro*, que custou 42 milhões de dólares e rendeu 5,7 milhões de dólares nos Estados Unidos; e *Redenção*, com ganhos nos Estados Unidos de apenas 539 mil dólares.[10] Elliott Management saiu do empreendimento em 2010. Kavanaugh conseguiu encontrar outras fontes de apoio financeiro, mas continuou a enfrentar dificuldades, à medida que seus gastos aceleravam e ele escolhia mais fiascos. A Relativity faliu em 2016.

Mais uma vez, Hollywood quebrou um modelo de risco.

O passado é uma péssima maneira de prever o futuro

Outra razão de a mensuração do risco ser precária em Hollywood é que os dados logo se tornam obsoletos. A infame simulação Monte Carlo, de Kavanaugh, previa o futuro, mas os inputs em que se baseava o modelo eram do passado.

Durante algum tempo, o esquema até que funcionou. Os investidores recebiam os números de que precisavam para se sentirem bem, e ganhavam dinheiro com seus investimentos. Parecia que a simulação de Kavanaugh fazia o que nenhum outro modelo conseguia fazer. Só que esse é o problema de prever o futuro com base no passado. Funciona até que pare de funcionar, porque o mercado (principalmente para filmes) está sempre mudando, e estimativas fincadas em dados velhos não dizem muito de qualquer coisa: o difícil é saber quando você precisa

MENSURAÇÃO DO RISCO: A INTERMINÁVEL BUSCA DE HOLLYWOOD PELA CERTEZA

atualizar os seus dados. Com muita frequência, não percebemos que o mundo está mudando, até muito depois de já ter mudado.

Só nos últimos dez anos, as vendas de DVD minguaram, a China se tornou o maior mercado, e os filmes de franquia com personagens de quadrinhos se tornaram mais lucrativos. Streaming e TVs melhores levam as pessoas a irem menos a cinemas. Sites de resenhas on-line, como Rotten Tomatoes, podem erodir até os mais bem elaborados planos de marketing. Isso levou alguns especialistas na indústria, como o repórter Ben Fritz,[11] do *Wall Street Journal*, a argumentar que o mercado fundamentalmente se transformou para sempre. Em outras palavras, dados de quinze anos atrás não dizem nada sobre o mercado de filmes hoje. Ele argumenta que os estúdios farão menos filmes a cada novo ano e se concentrarão em filmes com personagens de quadrinhos.

Dados obsoletos desnorteiam mais do que orientam sobre quais filmes baterão recordes de bilheteria. Os padrões de votação da eleição Obama/Romney não eram relevantes para fazer inferências sobre a eleição Trump/Clinton, o que acarretou distorções nas pesquisas. Tecnologia e globalização do comércio alteram velhas relações econômicas e tornam os dados do passado menos relevantes no presente.

David Shaheen, executivo de mídia do JPMorgan, descreveu o modelo de Kavanaugh como "lixo na entrada, lixo na saída".[12] Ele argumenta que a Relativity Media usava dados errados, da maneira errada. Manter um conjunto de dados que sejam exatos e capazes de prever quais filmes serão vencedores é difícil, se não impossível. Shaheen e colegas especulam que, embora filmes de franquia de quadrinhos pareçam apostas certas hoje, o mercado acabará ficando saturado e outro modismo entrará em cena. A imprevisibilidade leva Hollywood a se atrelar a modismos hoje para descartá-los totalmente amanhã.

Terrível é o melhor que conseguimos, em breve num cinema perto de você

Kavanaugh prometeu demais porque não há estimativas de risco perfeitas. Risco, ou mensuração da incerteza, é um constructo humano, que tenta trazer ordem para um futuro desconhecido. A análise do risco nos ajuda a compreender o que estamos propensos a fazer e nos preparar para o que pode acontecer, seja bom ou ruim. Também é útil para ponderar diferentes opções e identificar as que mais contribuem para os nossos objetivos. Usamos dados para fazer escolhas todos os dias: experimentar um novo restaurante porque apreciamos as iguarias do chef em outra ocasião ou voltar ao nosso resort favorito, porque lá passamos as férias do ano passado. Às vezes, essas estimativas não correspondem às expectativas, porque a administração do resort mudou ou porque o novo restaurante do chef não é bom.

Dados podem ser péssimos para prever o futuro, mas é o melhor que conseguimos, porque é tudo o que temos. As limitações dos dados, sob certos aspectos, estão ficando mais evidentes num mundo em transformação acelerada, que em um instante torna inúteis os dados do passado. Ao mesmo tempo, os dados estão se tornando uma ferramenta poderosa para mensurar o risco. O mundo moderno está levando as ideias de Pascal, Fermat e Bernoulli ainda mais longe, porque agora temos dados mais abundantes e melhores, e dispomos de mais poder de computação para mensurar riscos. O que compramos, o que vemos e o que sabemos geram quantidades infindáveis de dados. Temos apps em nossos celulares que podem converter esses dados em previsões plausíveis sobre atrasos prováveis nos voos; sobre até que ponto nos encaixamos num encontro às cegas; e sobre as altas e baixas do mercado de ações.

Mais dados e técnicas de previsão, como aprendizado de máquina, propiciam estimativas de risco mais confiáveis. Em breve, coisas que até então pareciam imensuráveis, como as chances de um filme ser um sucesso, podem tornar-se mensuráveis.

A Netflix pode oferecer-lhe uma recomendação com base nas chances de que alguém com o seu perfil demográfico tenha acabado de ver um filme. Em vez de tomar decisões arriscadas, com base em estimativas grosseiras em função de sua última experiência de assistir a um filme, você pode tomar decisões orientadas pelas experiências de milhões de outras pessoas. Como mostrou Bernoulli, mais dados acarretam mais exatidão. Isso nos capacitará a tomar decisões mais esclarecidas, embora também precisemos estar conscientes das limitações dos dados.

Resta uma questão que ainda não pode ser respondida: será que Hollywood toma tantas decisões ruins sobre filmes porque é difícil medir o risco com dados efêmeros e distribuições assimétricas; ou será que o mau funcionamento e a indisciplina do mercado, em que os maiores tomadores de risco, as pessoas que financiam os filmes, não auferem as maiores recompensas, mas mesmo assim continuam investindo, sob o impulso do glamour, produzem a distribuição assimétrica?

Em breve descobriremos.

A tecnologia mais uma vez está mudando o mercado de filmes, com o surgimento de pessoas fazendo o streaming de conteúdo nas próprias casas. Amazon e Netflix, que hoje atuam no negócio de produção, têm dados sobre exatamente quem vê o quê e até que ponto. Neste exato momento, quase metade dos orçamentos de filmes se destina a marketing, pois os filmes são anunciados da maneira mais ampla possível, com a vaga esperança de que a publicidade influencie espectadores potenciais. Agora que dispõem de dados sobre os padrões de visualização, os estúdios podem ajustar melhor a estratégia de marketing e estimar que filmes atrairão o público almejado com muito menos dinheiro. Espera-se que esse recurso transforme a distribuição dos resultados potenciais, estreitando-a e tornando-a mais previsível.

É possível que essa tendência mude os tipos de filmes que são produzidos, reduza a assimetria, e, talvez, até comecemos a ver filmes melhores.

5
Diferentes tipos de risco: a vida secreta dos paparazzi

Sonhe, diversifique — e nunca perca um ângulo.

Walt Disney

EM WALL STREET, AS PESSOAS têm obsessão pelo risco, usando computadores de alta velocidade e recorrendo à matemática avançada para identificar diferentes tipos de risco e descobrir como lucrar com eles. A uns poucos quilômetros de distância, porém, descobri em ação uma forma de investigação igualmente fecunda do risco, ao encontrar um paparazzo que trabalha em Nova York, cujo sustento depende de conhecer os tipos de risco a serem enfrentados. Sua estratégia, embora de baixa tecnologia, é equivalente à versão que os financistas adotam para distinguir e gerenciar as espécies de risco que devem confrontar. A melhor estratégia de risco que ele adota, no entanto, é a toda hora solapada pela tendência irreprimível para ludibriar.

Um enorme cartaz exibindo a modelo Gigi Hadid paira sobre uma rua, em uma das áreas mais elegantes de Nova York. A imagem de Gigi fica diante do apartamento de Gigi na vida real, onde ela se esconde com o namorado. Na rua abaixo, um punhado de homens de meia-idade se aglomera, cada um segurando uma grande câmera. Falamos sobre os mais recentes movimentos de Gigi. "Ontem ela jantou com a mãe e a irmã; então, Kendall Jenner apareceu", um deles diz. "Agora, ela está no apartamento com Zayn. Já estão lá há séculos — o que *você* acha que estão fazendo?!"

Parece estranho que eu esteja debatendo a agenda mundana de uma garota de 22 anos com homens adultos. Conhecer, porém, os programas de Gigi significa dinheiro para esses paparazzi. Uma única foto de Gigi saindo do apartamento lhes renderá uma quantia relativamente pequena, talvez uns dez dólares. No entanto, como as pessoas que convivem com ela também são famosas, tirar um instantâneo de todas juntas pode valer centenas de dólares. E, se fizerem alguma coisa incomum, podem conseguir uma pequena fortuna. "Se alguém a agarrar, como aconteceu em Paris, estamos falando, talvez, de uns 100 mil dólares", outro homem me explicou.

Conseguir um flagrante especial de Gigi é imprevisível. Alguma destreza em fotografia certamente ajuda, mas, quase sempre, o mais importante é a sorte: estar exatamente no lugar certo, no momento absolutamente oportuno. É um risco que talvez seja difícil de controlar, se não impossível.

A imagem de Gigi é um ativo importante, e o seu valor está aumentando. Meses antes, o principal foco dos paparazzi era Kendall Jenner, amiga de Gigi. Mas um dos fotógrafos me disse que esse ativo perdeu valor: "Não é mais Kendall; agora é Gigi".

Regras de ouro dos paparazzi

Diante do apartamento de Gigi, conheci Santiago Baez. Ele é paparazzo desde o começo da década de 1990. Lembra Zelig, personagem do filme homônimo, de Woody Allen, na história cultural recente de Nova York. Câmera nas mãos, ele testemunhou as repercussões de casos extraconjugais, novos bebês, mortes, amores fugazes e rupturas entre alguns dos mais famosos residentes de Nova York. E, para tanto, investiu. Estamos nas imediações do apartamento onde Naomi Watts e Liev Schreiber moraram juntos, e, quando pergunto sobre seu término, ele lamenta: "Foi duro. Fiquei muito chateado. Segui-os durante anos. São boa gente, boa família".

VIVER COM RISCO

Poucos dias depois do encontro perto do apartamento de Gigi, nos encontramos de novo, para ver Alec Baldwin e a esposa, Hilaria. Baez recebeu uma dica de que estavam de partida para os Hamptons, no intuito de renovar os votos de casamento. Como Baez explicou, uma foto valiosa de uma celebridade, relevante para o noticiário, é mais lucrativa que um instantâneo de uma estrela saindo para um passeio.

A esposa de Baez, muito mais jovem que ele e cujo nome eu nunca soube (Baez a chamava de "the good wife"), é sua parceira de fotografia. Ela também está ali, junto com o filho num carrinho de bebê. Ao acamparmos junto à portaria do prédio de Baldwin, uma mulher sai às pressas de uma sorveteria, com um sorvete de casquinha para o filho de Baez. Ele explica que é importante construir relacionamentos com pessoas que trabalham em negócios nas imediações da casa de famosos, porque deixam você usar o banheiro. Os paparazzi podem passar várias horas esperando para disparar a câmera, às vezes até semanas.

Baez veio para Nova York em 1981, da República Dominicana. Trabalhou num curtume e num restaurante, como ajudante de garçom. Aprendeu inglês usando um dicionário e lendo os jornais. O dinheiro era apertado, mas uma das primeiras coisas que comprou foi uma câmera de trezentos dólares à prestação, mediante um sinal de entrada. Ele sempre quis ser arquiteto, mas "o estudo era muito caro"; assim, dedicou-se à fotografia. Quando era ajudante de garçom e não sabia inglês, lembra-se de ter dito ao barbeiro que "um dia, serei um fotógrafo profissional. Ele pensou que eu estivesse louco".

Poucos anos depois, Baez conseguiu um emprego melhor, que pagava mais. Nesse meio-tempo, começou a frequentar eventos de tapete vermelho, a câmera engatilhada para captar flagrantes e vender as imagens aos jornais locais. Até que em 1991, no lado de fora de um evento de premiação, Baez conheceu um paparazzo francês, mais velho, que tinha feito pequena fortuna vendendo fotos obscenas de Sarah Ferguson, a duquesa de York. Ele recomendou a Baez que deixasse o emprego diurno para ser paparazzo em tempo integral. O fotógrafo mais experiente conduziu Baez sob as asas, apresentando-o em sua agência de fotografias e ao intermediário que vendia as fotos a revistas de moda, beleza e gente bonita. Cuidou de Baez como aprendiz no ofício, ensinou-lhe onde ficar, como apontar a câmera, como escondê-la, que lentes usar, e as regras de ouro da fotografia de celebridades: (1) não deixe que o vejam e (2) se virem você, não fale com elas, a não ser que se dirijam a você primeiro.

Próximo ao apartamento de Baldwin, Baez mostrou-me algumas de suas habilidades em ação — o lugar exato onde ficar se Baldwin sair do apartamento e o ângulo certo para segurar a câmera. Preparamo-nos para cumprir a primeira regra de fotografia dos paparazzi, procurando lugares onde nos esconder, atrás de uma lata de lixo ou numa esquina, pois não queríamos que Baldwin nos visse. Se houver o famoso olhar para a câmera, estilhaça-se a ilusão. As melhores fotos são as que a celebridade não sabe que estão sendo tiradas. O instantâneo não deve ter nada na frente, mostrar o rosto da estrela e não incluir outra pessoa. Talvez só haja alguns segundos para captar a imagem perfeita.

Munido de conhecimento enciclopédico de onde as celebridades moram em Nova York, Baez conta com uma rede de motoristas e de pessoal de lojas e restaurantes, que lhe telefonam e lhe dão as dicas, quando os famosos estão nas vizinhanças. Frequentemente, as dicas são dos próprios famosos, via mídias sociais: no esforço para aumentar os seguidores, eles alertam o público (principalmente fotógrafos) sobre seus movimentos. Outras vezes, a agência de fotografias de Baez lhe diz para estar em algum lugar. Se quiser ser fotografada, a celebridade liga para o seu relações-públicas, que liga para a agência, que despacha Baez para o local.

Alguns fotógrafos se especializam em certas celebridades. Por exemplo, Baez costumava seguir Isabella Rossellini e John F. Kennedy Jr. na década de 1990. A especialização pode ser boa estratégia, porque você se familiariza com a agenda da celebridade, o que aumenta as chances de conseguir o flagrante certo. Também convém gerenciar a oferta de fotos de famosos, sem inundar o mercado. Mas o mercado de imagens de certa celebridade pode desaparecer, como foi o caso de Paris Hilton, e, em consequência, depreciar o valor de conhecer sua agenda.

A maioria das fotos não vale muito, mas aquele clique do recém-nascido, da celebridade flagrada com um caso, ou de um casamento badalado pode de repente fazer fortunas. E grande parte disso se consegue estando no lugar certo, na hora certa. Os elementos casualidade e oportunidade significam que a renda do paparazzo é extremamente arriscada, por ser tão variável e imprevisível. Eles enfrentam o risco de, um dia, não conseguirem nenhuma boa imagem e, em outro, toparem com uma celebridade tomando o café da manhã com um novo amante. Os paparazzi têm várias maneiras de gerenciar seus riscos, mas até as melhores estratégias são comprometidas pelas disputas internas e pelas mudanças na indústria.

Como os melhores flagrantes se resumem em estar no lugar certo, na hora certa, os fotógrafos geralmente formam equipes ou alianças para compartilhar pistas e, às vezes, royalties, de modo a aumentar as chances e as recompensas do bom posicionamento no tempo e no espaço. Em 2003, Baez fundou um grupo denominado PACO, "como o jeans", combinando as palavras "paparazzi" e "company".

PACO era composto de dez fotógrafos experientes. Eles trocavam dicas sobre onde certas celebridades estavam ou estariam, e quando. Assim, se Baez localizava algum famoso almoçando num restaurante elegante, ele alertava os outros membros do grupo. Ele diz, irradiando orgulho: "Naquele tempo, quando aparecíamos, os outros caras diziam 'Ah não! Lá vem a turma', porque éramos os *melhores*".

Mas a tentação de fraudar a aliança, de reter uma deixa muito boa, ou não dividir o dinheiro com justiça, leva qualquer grupo a ser tão frágil quanto um casamento de famosos. Afinal, conseguir uma imagem inédita e exclusiva, que ninguém mais tem, significa mais dinheiro. Se um paparazzo for o único a conseguir aquele fragrante de mudar a vida, ele ou ela tem todos os incentivos para ludibriar a aliança, o que, por sua vez, provoca azedume entre os fotógrafos. PACO* durou dez anos, uma vida, no mundo de fotografias de celebridades.

"Os fotógrafos de celebridades não têm lealdade", queixa-se Baez, ainda decepcionado com as muitas amizades que se desfizeram por causa de trapaças numa aliança.

---

* Na última vez em que ouvi, a atual aliança poderosa entre fotógrafos, de que Baez não é membro, é chamada Bowery Boys, porque passam muito tempo em frente ao Bowery Hotel, na cidade de Nova York (nada a ver com a gangue nativista do século XIX nem com atores dos filmes das décadas de 1940 e 1950).

As disputas internas e os incentivos para fraudes debilitam a capacidade dos paparazzi de reduzir o risco de perder por um triz o flagrante certo e de aumentar as chances de topar com uma pepita valiosa. E, mais recentemente, os paparazzi também enfrentam um risco diferente, mais difícil de gerenciar.

A corrida do ouro dos paparazzi

O preço das fotografias dos paparazzi é determinado por um pequeno grupo de pessoas, como Peter Grossman, editor de fotos da *Us Weekly* de 2003 a 2017. Grossman não trabalhava com paparazzi diretamente; em vez disso, um fotógrafo como Baez vende as fotos para uma agência, que trabalha com editores de foto como Grossman.* Um paparazzo recebe qualquer coisa entre 20% e 70% dos royalties gerados pela imagem, dependendo do fotógrafo e das condições negociadas com a agência. Os paparazzi mais experientes, qualificados e talentosos conseguem melhores termos, o que geralmente inclui exclusividade na venda das imagens para apenas uma agência. Essa exclusividade, porém, geralmente é rompida pelos próprios paparazzi, que transgridem o acordo, vendendo fotos com diferentes nomes.

Grossman e eu nos encontramos umas poucas vezes, para conversar sobre o negócio em um pequeno restaurante do Brooklyn. Nossas conversas geralmente se afastavam do assunto; eu não conseguia ouvir muitas de suas histórias cheias de fofocas, dos anos em que atuava nas linhas de frente, embora a economia por trás das imagens de celebridades seja igualmente interessante.

Ele me disse que um de seus maiores sucessos foi uma série de fotografias da atriz Kristen Stewart, que, à época, estava namorando o ator Robert Pattinson. Ela foi flagrada num amasso apaixonado com Rupert Sanders, o diretor casado de *Branca de Neve e o caçador*, um filme que

---

* O bom relacionamento com agências é fator crítico; mesmo numa época em que todos têm câmeras no smartphone, os paparazzi são os únicos que podem vender imagens, por causa de seus relacionamentos com as agências.

ela havia estrelado. Um dia, em 2012, um grupo de paparazzi surpreendeu-a deixando a academia de ginástica, em Los Angeles; eram fotos comuns, sem muito valor. Todos os fotógrafos foram embora quando ela entrou no carro, mas um deles decidiu segui-la. Ele percebeu que, em vez de ir para casa, ela entrou num estacionamento e se encontrou com um homem que não era o namorado. O fotógrafo sabia que tinha achado ouro ao tirar as fotos. O agente dele ficou tão empolgado que ligou para Grossman, no meio da noite. O motivo da ligação foi dizer-lhe que tinha conseguido a maior pepita de sua carreira. Grossman disse que pagou pelas fotos uma cifra de "centenas de milhares" de dólares. Imagens como aquelas só aparecem "uma vez por geração".

Grossman foi o homem por trás da ascensão das campanhas "Just Like Us" (Gente como a gente). Em 1º de abril de 2002, a *Us Weekly* publicou pela primeira vez sua série semanal "Stars — They're Just Like Us!" (Estrelas — Gente como a gente!), apresentando como destaque imagens de celebridades envolvidas em tarefas do dia a dia, tipo fazendo café ou abastecendo o carro. Até então, imagens do cotidiano não valiam muito, mas a *Us Weekly* humanizou as celebridades, mostrando-as com aparência menos glamorosa. As pessoas amaram, e logo muitas lojas estavam publicando esses tipos de imagens, deflagrando o que é conhecido na indústria como anos da corrida do ouro, que coincidiu com o apogeu de Paris Hilton, Britney Spears e Lindsay Lohan.

Grossman narrou que, nos dias da corrida do ouro, o preço que pagava por uma foto dependia do que a celebridade estivesse fazendo e se era uma imagem "exclusiva", flagrante único da celebridade, às voltas com certa atividade. No pico da corrida do ouro, uma imagem exclusiva "Gente como a gente" quase sempre chegava a algo entre 5 mil e 15 mil dólares.

A época se caracterizou por uma mentalidade de corrida do ouro, com muitos fotógrafos novatos migrando como rebanho para a indústria, dispostos a transgredir a lei e a dar aos paparazzi uma reputação ainda pior por irem longe demais e assediar celebridades e até seus filhos. Grossman já tinha visto o suficiente. Ofereceu um jantar, no estilo de *O poderoso chefão*, só que, em vez dos patriarcas criminosos, convidou importantes editores, chefes de agências de fotografias e os melhores fotógrafos. Ele instou que todos dessem um passo atrás sincronizado, pagassem menos pelas imagens e não infringissem as leis nem se expusessem a perigos só para obter o flagrante. Não funcionou. Esse fracasso contínuo da colaboração no negócio de fotos de celebridades compromete o esforço de redução de riscos da indústria.

A Grande Recessão e o advento da mídia on-line finalmente encerraram a corrida do ouro. A mídia digital aumentou a demanda por fotos de celebridades, mas diminuiu o preço que as empresas de mídia pagavam pelas imagens. As agências de fotos começaram a fundir-se ou a sair do negócio, e as remanescentes mudaram o modelo de negócio. Em vez de as agências pagarem pelas fotos, passaram a oferecer um serviço de subscrição: os editores poderiam usar quantas fotos quisessem para atender à maior demanda por fotos mais baratas. Em consequência, os paparazzi recebem pequena fração da taxa de assinatura; a importância depende de quantas de suas fotos são usadas a cada mês. Isso significa que uma foto exclusiva "Gente como a gente", que teria conseguido 5 mil a 15 mil dólares antes, agora arrecada apenas cinco ou dez dólares.

A vida de um paparazzo é difícil e está ficando ainda mais árdua. Foram-se os dias em que muitos paparazzi podiam contar com renda de seis dígitos. Agora, é necessário capturar uma baleia-branca — outra imagem de um caso de Kristen Stewart — para conseguir tanta grana.

Risco idiossincrático versus risco sistemático

Devo admitir que espreitar celebridades com os paparazzi foi muito divertido. Saí com Baez algumas vezes. Ele me incumbia de pequenas tarefas — ficar de olho numa esquina para ver quem passava ou dar cobertura quando ele fotografava uma estrela em formação. Eu me sentia uma espiã em ação. Havia um frisson quando víamos uma celebridade, porque a epifania geralmente ocorria por acaso, exatamente uma das razões de a renda de Baez ser tão volátil. Não admira que ele adotasse estratégias de risco no ofício, semelhantes às que se usam nos mercados financeiros.

Os economistas financeiros desdobram o risco em duas categorias amplas: a primeira é o risco idiossincrático, ou o risco exclusivo de determinado ativo. Suponha que o Facebook mude a administração; o futuro da empresa fica incerto e o preço da ação pode cair, em função de fatores únicos do Facebook, que não influenciam outras ações.

Os paparazzi enfrentam muitos riscos idiossincráticos. O que Gigi fará hoje — se passará o dia com amigos da lista A ou da lista D; se os paparazzi conseguirão captá-la saindo de um restaurante pela porta da frente ou pela porta dos fundos; ou como ela se vestirá — tudo isso determinará o quanto ganharão os fotógrafos nesta semana. Se Gigi deixar de ser interessante ou popular, o valor de suas fotos diminuirá. As imagens de Gigi são como ações: o valor varia conforme fatores únicos da estrela, como o nível de fama, e do fotógrafo, como a qualidade e o momento das fotos.

O segundo tipo de risco é o sistemático, ou risco que afeta o sistema mais amplo, em vez de cada ativo em si. O risco sistemático ocorre quando todas as ações sobem ou caem, porque todo o mercado avança ou retrocede, como ocorreu em 2008. Eventos de risco sistemático geralmente acontecem por força de uma grande disrupção econômica ou do resultado de uma eleição, que se suponha venha a impactar os negócios. O risco sistemático é mais difícil de gerenciar que o risco idiossincrático, e seus efeitos negativos tendem a ser mais perigosos. Se todo o mercado de ações desabar, você corre o risco de perder o emprego e de a sua carteira de ações perder muito valor, ao mesmo tempo.

Vê-se o risco sistemático em atuação no mercado dos paparazzi, por exemplo, no boom dos anos da corrida do ouro e no crash dos anos de recessão, quando o público deixou de comprar tabloides a cinco dólares. O lado negativo do risco sistemático dos paparazzi agravou--se nos últimos dez anos. É mais difícil para todos ganhar dinheiro. Muitos paparazzi abandonaram o negócio. Depois de quase trinta anos tirando fotos de celebridades, Baez, abatido, voltou para a República Dominicana, no verão de 2018, com a esposa e o filho, em busca de novo trabalho.

Com efeito, os paparazzi experimentam os dois tipos de risco, com mais intensidade do que a maioria das pessoas em suas atividades. Eles são um caso extremo; por isso mesmo é que oferecem um exemplo valioso de como identificar riscos idiossincráticos e riscos sistemáticos e como tentar gerenciá-los. Todos nós temos de manejar diferentes tipos de risco no trabalho, nos relacionamentos, e até nas escolhas de onde comer.

Digamos que você decida experimentar um novo restaurante de sushi, que abriu perto. O risco idiossincrático é de o restaurante servir peixe estragado, que o deixará doente. O risco sistemático é o de uma bactéria difusa contaminar todos os estoques de atum, numa área mais ampla.

Compreender a diferença é importante porque ela determina a melhor estratégia de risco a ser adotada (trataremos desse tópico em capítulos subsequentes). Por exemplo, ao procurar uma casa para comprar, o preço pode ser influenciado pelo risco idiossincrático (um novo modismo arquitetônico ou decorativo) ou pelo risco sistemático (a tendência de alta de todo o mercado, aumentando os preços). Discernir os diferentes tipos de risco pode indicar se você está pagando muito ou se agora é a hora certa de comprar.

Vale a pena saber a diferença

A maneira de gerenciar o risco idiossincrático em finanças é diversificar a carteira de ações. Comprando ações de muitas empresas você mal perceberá se uma delas falir em razão de má gestão, uma vez que o seu risco está disperso entre muitas empresas. Não convém comprar ações da empresa em que você trabalha, para não se expor demais ao risco idiossincrático do empregador. Por exemplo, se trabalhasse na Enron e tivesse comprado suas ações, você teria perdido o emprego, a renda e a poupança, tudo num único golpe, quando um grande escândalo contábil a levou à insolvência.

Os paparazzi também gerenciam o risco idiossincrático, tornando-o mais disperso. É o que estão fazendo ao constituírem uma aliança ou ao trabalharem em equipe. Cada fotógrafo assume certa dose de risco, dependendo da sorte de cada dia: se flagrarem uma celebridade com um novo namorado em ambiente público; se um famoso deixar um restaurante elegante pela porta dos fundos, onde o fotógrafo está de tocaia. As alianças de paparazzi combinam a sorte de cada um, reduzindo o risco idiossincrático. Esse pool propicia renda mais estável, pois aumenta as chances de conseguir a fotografia certa. Por outro lado, os incentivos para trapacear comprometem a capacidade do paparazzo de reduzir o risco idiossincrático. Baez passou toda a carreira sempre formando novas alianças, sabendo que acabaria se queimando, porque era a única maneira de reduzir o tremendo risco idiossincrático da profissão. Valeu a pena.

O risco sistemático é ainda mais difícil de gerenciar. Para medir o risco sistemático, os profissionais de finanças analisam a história dos preços das ações e verificam como o preço de uma ação se movimenta, em comparação com o resto do mercado. Assim, calculam um número, que reflete essa correlação, denominado "beta" do mercado.

Na década de 1960, os economistas William Sharpe e John Lintner[1] desenvolveram a teoria de que o beta do mercado pode explicar por que uma ação gera mais retorno que outra. É fácil reduzir o risco idiossincrático, compondo uma carteira com muitas ações diferentes — quaisquer ações. Mas uma ação que reduz o risco sistemático é especialmente valiosa, porque é mais rara e consegue atenuar o risco de toda a carteira. Uma ação que se movimenta em outra direção ou com menos força do que o resto do mercado tem beta baixo, o que mitiga o risco sistemático e reforça a segurança da carteira; portanto, ela oferece retorno esperado mais baixo. No sentido oposto, uma ação muito sensível ao resto do mercado, que sobe 15%, quando o mercado sobe apenas 5%, tem beta alto. Ela amplia o risco sistemático da carteira de investimentos; por isso, você só compraria essa ação se recebesse algum tipo de compensação por assumir mais risco. A ação deve prometer retorno muito mais alto. Para reduzir o risco da carteira, você precisará de ações com beta mais baixo; se quiser retornos mais altos e se sentir bem com muito risco não diversificável, preferirá ações com beta mais alto.

A vida está cheia de decisões arriscadas, com beta alto. Imagine que você esteja escolhendo a maneira mais rápida de chegar em casa, podendo pegar uma estrada vicinal ou uma grande rodovia. A estrada vicinal impõe o risco idiossincrático de ficar preso atrás de um veículo lento. A grande rodovia provavelmente permitirá maior velocidade, mas envolve mais risco sistemático, porque, nos picos de tráfego, como na hora do rush, você talvez enfrente congestionamentos. Ou digamos que você receba uma oferta de emprego numa empresa de construção; ela tem beta alto, porque a construção civil paga bem nos períodos de boom, mas os trabalhadores na indústria são os primeiros a perder o emprego durante as recessões.

Os pagamentos por imagens para a campanha "Estrelas — Gente como a gente" estão sujeitos a mais risco sistemático, porque são especialmente sensíveis ao mercado. Quando o mercado de imagens de celebridades estava bombando, as mídias pagavam milhares de dólares por essas fotos. O valor delas, no entanto, caiu para não mais que uns poucos dólares no crash do mercado durante a recessão de 2008, e as mídias digitais ultrapassaram as mídias impressas. No entanto, essas imagens ainda são populares, por serem relativamente baratas e fáceis de obter, já que quase sempre as estrelas são realmente gente como a gente. O retorno relativo dessas fotos, pelo tempo e pelo esforço, é alto em comparação com o de outros tipos de imagens, com menos sensibilidade ao mercado.

Por exemplo, a imagem exclusiva de um bebê paga bem em qualquer mercado, mas talvez sejam necessárias duas semanas de tempo e esforço para conseguir aquela imagem maravilhosa. (Baez me disse que às vezes tinha de passar até duas semanas inteiras para obter o flagrante perfeito.) Da mesma maneira que um gestor de fundos de investimento, um paparazzo deve equilibrar objetivos de retorno e tolerância ao risco a fim de decidir que fotos justificam o investimento de tempo.

Os paparazzi são gente como a gente

O trabalho de paparazzo é mais arriscado que a maioria das atividades profissionais. No entanto, até certo ponto, todos enfrentamos algum nível de risco idiossincrático e de risco sistemático na carreira; por isso, podemos aprender muito com esses fotógrafos.

Suponha que você queira mudar de emprego, de uma função de apoio segura, com salário fixo, para uma função de vendas, remunerada por comissão. As chances são de que sua receita no novo emprego seja superior ao salário de seu atual emprego, na medida em que o pessoal de vendas se confronta com ambas as espécies de risco: é um trabalho de beta alto, com alta dose de risco idiossincrático; por exemplo, quanto você ganha dependerá de suas habilidades em vendas e do comportamento dos seus clientes (é possível gerenciar esse risco, trabalhando numa equipe e tendo muitos clientes). Você também se defronta com o risco sistemático, porque vendas dependem da situação da economia.

O risco sistemático é sobremodo perigoso. Numa queda da atividade econômica, sua remuneração pode diminuir ou desaparecer totalmente, é provável que seja difícil encontrar outro emprego, seus ativos talvez sofram um baque, e a renda de seu parceiro também poderá estar em risco. Quanto maior for o risco sistemático associado ao seu trabalho, maior será a sua exposição.

Para identificar os americanos que enfrentam mais risco sistemático em relação à renda, os economistas mediram as tendências da renda pessoal nos Estados Unidos,[2] quando a economia está em alta ou em baixa, desde os anos 1950, usando registros da Previdência Social. Eles constataram um padrão de curva em U na renda pessoal e no risco sistemático, indicando que o risco sistemático é mais severo nos dois extremos do espectro, ou seja, para os trabalhadores nas faixas de remuneração mais altas e mais baixas, enquanto as pessoas no meio da distribuição enfrentam menos risco.

Não surpreende que os indivíduos mais mal pagos sejam também os mais vulneráveis quando a economia cai. Essas pessoas trabalham em indústrias com beta alto, como varejo, que tendem a quebrar quando a economia afunda. A regra geral é que quanto mais você ganha, mais seguro você está.

Há, porém, uma exceção: no caso dos indivíduos mais bem pagos, a relação muda. Por exemplo, quem trabalha em finanças ganha montanhas de dinheiro, mas também tende a perder o emprego quando a economia desanda (quanto maior for o risco sistemático assumido, maior será a expectativa de ganho). Obviamente, ninguém se condói com o infortúnio deles. O rendimento desses indivíduos é tão alto que eles podem sobreviver ao desemprego em condições muito superiores às dos trabalhadores de salário mínimo, que dependem do contracheque e também correm o risco de serem demitidos nas recessões. No entanto, parte da alta remuneração no setor financeiro é para compensar o fato de a renda de seus profissionais ser mais sensível às condições da economia.

Se você assumir um cargo no governo, sua renda terá beta baixo; os empregos públicos são muito estáveis, não importa a situação da economia. Servidores públicos altamente qualificados geralmente recebem menos que seus colegas do setor privado, como contrapartida por assumirem menos risco sistemático associado à renda.

Sob certa perspectiva, é possível analisar os dados econômicos e concluir que o mercado de trabalho é menos arriscado para a maioria dos americanos. Na década de 1980, mais de 25% dos trabalhadores americanos estavam no emprego havia menos de um ano. Esse número paira, hoje, em torno de 20%, mesmo num mercado de trabalho contraído.[3] É possível que, agora, a continuidade no emprego seja um pouco mais longa, porque a tecnologia facilita encontrar o ajuste certo e reduzir o risco idiossincrático de inadaptação ao trabalho. Sob a perspectiva do risco sistemático, porém, a incerteza é mais intensa e mais difícil de gerenciar.

Por que sentimos tanta ansiedade econômica

A vida do paparazzo comum é ameaçada por grandes mudanças na indústria editorial. Os fotógrafos gerenciam o risco idiossincrático, formando alianças instáveis, mas o risco sistemático mais amplo, capaz de destruir o trabalho dos paparazzi, é mais difícil de gerenciar. Eles poderiam constituir um sindicato e exigir melhores condições de trabalho das agências; historicamente, contudo, ambas as partes se esforçam para cooperar uma com a outra e os paparazzi não são os únicos que enfrentam o risco de disrupção de seu trabalho.

Uma razão de as pessoas darem a impressão de se preocuparem mais agora do que no passado com seu futuro econômico é sentirem mais o risco sistemático no mercado de trabalho. Poucas décadas atrás, grande parte do risco no emprego era conflito idiossincrático com o chefe, desajuste na função ou má gestão da empresa. Se perdesse o emprego, você provavelmente encontraria outro semelhante. Os trabalhadores constituíam sindicatos trabalhistas, uniam-se e demandavam melhores salários e benefícios, confiantes em que suas competências eram necessárias. O mercado de trabalho tinha seus altos e baixos, mas o risco parecia ser relativamente fácil de gerenciar.

Na economia de hoje, o risco sistemático é mais agudo. É possível que a tecnologia — robôs e inteligência artificial — passe a executar o seu trabalho ou, pelo menos, exija que você desenvolva novas habilidades cognitivas e socioemocionais. Se perder o emprego durante uma recessão, é possível que não encontre outro semelhante.

O que está acontecendo com os paparazzi é parte de uma tendência mais abrangente, que ameaça a todos os trabalhadores.

Baez e eu passamos horas procurando os Baldwin. Nunca os encontramos; as dicas não eram boas e o casal já tinha partido para os Hamptons. Esse é o estilo de vida dos paparazzi: horas de trabalho sem fotos para vender. É um negócio arriscado, que está ficando cada vez mais arriscado, com menos recompensas.

Compreendo por que Baez amava o trabalho e estava triste por deixá-lo. É difícil descrever a empolgação que você sente, depois de esperar horas a fio para ver uma celebridade aparecer, esbelta e glamorosa, ostentando enormes óculos escuros e um moletom sob os flashes das câmeras. Os paparazzi a espionam e ficam ofegantes de excitação. Você quase pode sentir a adrenalina impulsionando-os, enquanto seguem os passos de Gigi, sorrisos de satisfação quase imperceptíveis por trás das grandes câmeras que quase lhes cobrem o rosto.

REGRA 2
SOU IRRACIONAL, E SEI DISSO

Queremos pensar que somos seres racionais. E, em grande parte, somos. Mas, talvez, a situação mais óbvia para testemunhar nossa irracionalidade no trabalho é ao tomarmos decisões arriscadas. É quando a natureza humana interfere; e, às vezes, fazemos escolhas de que nos arrependemos depois. Não tenha medo: é possível aprender sobre os gatilhos da irracionalidade no trabalho, sobre o que tende a dispará-la, e como evitar essas armadilhas, para tomar decisões melhores, com mais frequência.

Nossos sentimentos sobre perdas versus ganhos podem levar-nos a fazer escolhas que os economistas consideram irracionais. Por exemplo, se estamos jogando e perdendo, devemos ir embora, mas nossa relutância em aceitar perdas nos força a persistir no jogo. Pessoas que apostam todos os dias, jogadores profissionais e operadores de mercado aprenderam a superar a aversão a perdas; no capítulo 6, veremos como elas atuam.

No capítulo 7, examinamos como percebemos o risco. Raramente agimos com base apenas em dados racionais frios. A percepção do risco depende de como os dados nos são apresentados. Isso pode exercer enorme influência sobre as nossas decisões, e confere poder aos comerciantes e políticos para influenciar na maneira como nos comportamos e assumimos riscos. Compreender um modo diferente de interpretar o risco nos torna mais poderosos em qualquer transação econômica.

Conhecendo-se a si mesmo, sabendo como medir o risco, e conscientizando-se de sua reação natural a perdas potenciais, é possível tomar melhores decisões arriscadas.

6
Teoria da perspectiva: inclinando-se para a racionalidade

A vitória é efêmera. A derrota é perene.

Billie Jean King

NINGUÉM GOSTA DE PERDER. Quando nos confrontamos com uma situação arriscada, o desejo de evitar perdas pode aumentar a probabilidade de nos desviarmos do que a teoria econômica prevê e do que devemos fazer. E esse comportamento às vezes nos induz a tomar decisões que lamentamos e a perder ainda mais. Se, porém, entrarmos numa situação arriscada, imbuídos de mais conhecimento e experiência, podemos melhorar nosso comportamento, mesmo que ainda detestemos perder.

Veja o caso de Phil Hellmuth, jogador de pôquer profissional. Seu sucesso depende de superar as emoções. Ele passou anos aprendendo certos truques para controlar o comportamento. Quando é importante, ele sabe manter-se racional e controlado, para, depois, explodir...

A etiqueta de ofício geralmente impõe certo grau de civilidade. Em campos competitivos, exige perder com elegância. Perder é difícil, sobretudo quando a adrenalina está fluindo; no entanto, é preciso apertar os dentes, cumprimentar os adversários e congratular-se com eles pela vitória difícil.

TEORIA DA PERSPECTIVA: INCLINANDO-SE PARA A RACIONALIDADE

Phil Hellmuth não tem paciência para essas sutilezas. Quando perde um torneio de pôquer, tem chiliques. Levanta-se da mesa, anda de um lado para o outro, grita impropérios e insulta a inteligência do vencedor (em especial quando o oponente é um amador). Para ser justo, ele reserva as críticas mais severas a si mesmo. Ao perambular a esmo, pisando forte, a passos largos, resmunga, revivendo todas as rodadas, aquelas em que jogou, aquelas em que desistiu, e como poderia ter alcançado melhores resultados contra o idiota "que nem é capaz de soletrar 'pôquer'!".

Hellmuth assume as próprias atitudes — até intitulou sua autobiografia *Poker Brat*, algo como Moleque do Pôquer, inspirado por seu apelido na indústria. Você pode encontrar uma montagem de seus faniquitos no YouTube. Um de seus achaques mais notórios ocorreu depois de uma derrota apertada para Annie Duke, no Torneio dos Campeões, de 2004, evento apenas para os dez melhores jogadores da World Series of Poker, em que o vencedor embolsaria 2 milhões de dólares, sem nenhum prêmio para o segundo colocado. Depois de nocautearem os outros jogadores, Hellmuth e Duke fizeram um acordo nos bastidores — cada um levaria para casa 750 mil dólares, de modo a garantirem alguma coisa. Ambos voltaram para a mesa, para disputar os 500 mil dólares, ainda em aberto. Duke venceu, e Hellmuth ficou possesso, vagueando aos palavrões. Ele relembra esse chilique em *Poker Brat*, admitindo que naquela vez foi diferente:

> Foi a única ocasião em que representei para as câmeras. Infelizmente, todos os outros acessos, os que têm dezenas de milhões de visualizações no YouTube, são descontroles genuínos. Não me interprete mal. Eu estava furioso por ter perdido, mas os 750 mil dólares amorteceram o golpe. Em todo caso, exagerei o faniquito, e o efeito foi bom na televisão. Harrah's gostou do espetáculo, assim como a ESPN, porque as avaliações do TOC de 2004 foram sensacionais![1]

Hellmuth diz que tem TDAH (transtorno do déficit de atenção com hiperatividade); ele não consegue concentrar-se e é emotivo. Em minhas conversas com ele, achei-o impulsivo e rápido em mostrar-se irritado comigo, o que, geralmente, não são qualidades úteis para um jogador de pôquer.

Hellmuth diz saber que a chave para jogar bem é paciência e controle, mas, para ele, a interpretação desses conceitos não é bem a que seria de esperar. E explica o que considera estilo de jogo altamente disciplinado: "Jogar bem pôquer significa jogar apenas em 12% das rodadas. Você não ganha dinheiro se jogar mais de 30%, e se jogar 100% quebrará todo dia".

Pesquisas de jogos de pôquer on-line estimam que a maioria das pessoas joga em muito mais rodadas que Hellmuth, entre 25% e 50% das rodadas, ou cada distribuição de cartas. O sucesso de Hellmuth decorre de sua capacidade de superar as emoções, denominadas "tilt", ou "viés", e escolher a rodada certa para jogar.

Os grandes jogadores de pôquer são não só pacientes, mas também calmos, comedidos e conscientes das outras pessoas ao redor, e de como elas processam informação. Considerando a natureza volátil de Hellmuth, é notável que seja considerado um dos melhores jogadores do mundo. Ganhou quinze braceletes de ouro da World Series of Poker, recorde de vitórias, e me disse que vale mais de 20 milhões de dólares.

É impossível soletrar Hellmuth* sem hell**

Em 1986, Hellmuth ligou para os pais, em Madison, Wisconsin, para anunciar que estava deixando a faculdade no intuito de jogar pôquer como profissional. O pai dele, com numerosos diplomas acadêmicos, não ficou de modo algum empolgado com a ideia. E a carreira de Hellmuth não teve um começo auspicioso, quando, não mais que cinco meses depois, com 47 centavos no bolso, ele ligou a cobrar de Las Vegas e pediu aos pais dinheiro para retornar ao lar. O pai quase não atendeu o telefone, e, finalmente, a mãe deu-lhe o dinheiro, deixando claro que aquela seria a última vez.

---

* Campeão de pôquer. (N. T.)

** Inferno. (N. T.)

TEORIA DA PERSPECTIVA: INCLINANDO-SE PARA A RACIONALIDADE

Apenas três anos depois, enquanto o pai observava, Hellmuth encarou o campeão de pôquer Johnny Chan, vestido de macacão Fila, e venceu a primeira World Series of Poker, em um jogo Texas hold'em, sem limite.

O mundo do pôquer profissional é uma subcultura singular — com todos os ingredientes peculiares, como trajes e dialeto —, contexto que parece estrangeiro para os forasteiros. Sua base de fãs obcecados assiste aos jogos pela televisão ou no local do certame, durante horas, ligados nas estatísticas e apostando nos jogadores e nos jogos. Ganhar no pôquer exige sorte e habilidade. Sorte é receber boas cartas. Habilidade é inferir as reações dos adversários.

Hellmuth percebeu desde cedo que, para vencer, tinha de superar suas tendências naturais: "Entendi que tudo aquilo indicava que eu precisava ter a disciplina de um monge, para ser bem-sucedido no pôquer. Eu tinha de exercitar paciência inabalável e reprimir emoções negativas, que afetassem o meu humor".

Ele levou a sério os atributos monásticos e, literalmente, nos anos que antecederam a primeira vitória numa World Series, manteve-se abstêmio e celibatário. Controlar as emoções era uma batalha constante. Às vezes, jogava por impulso, era blefado, e se mortificava por qualquer erro que cometesse. Também enfrentou grandes reveses financeiros, ganhando centenas de milhares de dólares em um torneio para dissipar quase tudo no seguinte.

Reprimir as emoções era exaustivo, ele até desmaiou de exaustão durante um dos primeiros torneios. Embora o autocontrole fosse para ele uma luta incessante, Hellmuth admite que, com o passar do tempo, ficou mais fácil conter os impulsos. Às vezes, ele ainda se descontrola, mas disciplinou-se para dominar a assunção de riscos sob pressão. Nos bastidores, adota uma estratégia sensata: Hellmuth não só recalca os caprichos como os converte em marca vencedora.

Por que detestamos perder

Hellmuth é um caso extremo de escolha de temperamento e de carreira. No entanto, se ele conseguiu chegar a esse ponto de autocontenção,

85

qualquer outra pessoa também será capaz de exercer o mesmo autocontrole, porque ele, como todos nós, tende a seguir certos padrões, quando se defronta com o risco.

Se deixarmos que nossas emoções influenciem nossas decisões, quando se trata de risco, e todos o admitimos, talvez não sejamos capazes de medir com exatidão o risco que enfrentamos, ou quem sabe nos precipitemos, sem objetivos claros. Todavia, mesmo quando compreendemos com clareza nossos objetivos e temos consciência de todos os riscos, ainda fazemos escolhas que não parecem contribuir para os nossos melhores interesses.

Ao sopesarmos o risco, a maneira racional de estimá-lo é pensar em todas as possibilidades e ponderá-las conforme as probabilidades de cada uma. Se as chances são favoráveis a algo que queremos, talvez valha a pena assumir o risco. No entanto, não somos processadores frios e irracionais. Atribuímos algum valor emocional aos acontecimentos em curso.

Suponha que você esteja decidindo se vai ou não a um encontro romântico com alguém que conheceu no Tinder. Com base em sua ampla experiência de namoro, você calcula que haja 5% de chance de que o encontro seja um fracasso total. Você passará o tempo todo ouvindo um longo sermão sobre alguma teoria da conspiração, com motivação política, alternado com comentários maldosos sutis sobre a sua idade e aparência. A chance de que o encontro seja de todo agradável é de 60%, mas a química não será positiva e a conversa será tensa e difícil. E haverá 30% de chance de que vocês gostem um do outro o suficiente para namorarem durante três meses e, então, se afastarem e não lamentarem a separação. Por fim, sobra 5% de chance de que o programa seja maravilhoso e que ambos fiquem pensando que encontraram o amor da sua vida.

Decidir entre ir ou não ir ao encontro não é apenas uma questão de 35% bom e 65% ruim. A maneira como nos sentimos ou avaliamos cada possibilidade é o que os economistas denominam utilidade. A perspectiva de um bom relacionamento nos dá tanta alegria, ou tanta utilidade, que nos sentimos dispostos a prosseguir no que, provavelmente, será um encontro ruim. No exemplo do encontro, o otimismo nos arranca do sofá. Estamos dispostos a algo pior do que chances neutras em busca

TEORIA DA PERSPECTIVA: INCLINANDO-SE PARA A RACIONALIDADE

do amor. Na maioria das decisões da vida, porém, em regra atribuímos mais peso aos maus resultados.

Daniel Bernoulli, cientista do século XVIII (sobrinho de Jakob Bernoulli, do capítulo 4 — os Bernoulli eram uma família muito impressionante e competitiva), observou que, quando tomamos uma decisão arriscada e ponderamos as diferentes possibilidades, o que importa é a maneira como nos sentimos sobre cada resultado, não apenas seu valor (mesmo que se trate de dinheiro). Na maioria das situações, os economistas, como Bernoulli, assumem que valorizamos cada vez menos o dinheiro, à medida que o acumulamos. Mil dólares não é nada para um milionário, mas é muito para alguém que vive de ajuda governamental. Essa utilidade decrescente do dinheiro explica por que as pessoas têm aversão ao risco. Elas preferem a certeza à incerteza.

Suponha que lhe tenham oferecido uma aposta:

A: 45 dólares com certeza, ou
B: 50% de chance de receber cem dólares ou 50% de chance de não receber nada.

Se não houver interferência de emoções na equação, o resultado esperado da aposta é:

A = 45 dólares
B = 0,5 × 100 dólares + 0,5 × 0 = cinquenta dólares.

Assumir risco quase sempre compensa. Os economistas, no entanto, assumem que, quando se inclui o valor que se atribui a cada dólar incremental, o resultado livre de risco é mais atraente, e, na aposta acima, a maioria das pessoas escolherá 45 dólares. Optaremos por menos dinheiro, se pudermos garantir certeza em vez de risco, porque somos avessos ao risco.

Por causa da aversão ao risco é que os ativos menos arriscados oferecem retornos mais baixos. Os ativos mais arriscados oferecem a possibilidade de retornos mais altos porque os investidores devem ser compensados pelo risco que estão assumindo. Por isso é que uma conta poupança, sem risco, quase não paga juros, mas um fundo mútuo composto de muitas ações tipicamente oferece retorno adicional de 5% ao ano.

Os economistas assumem que somos avessos ao risco não só com o dinheiro, mas também com muitas outras coisas na vida. Saímos mais cedo para o aeroporto; não deixamos que os filhos caminhem sozinhos de casa para a escola; talvez optemos por um emprego seguro, numa empresa estabelecida, a trabalhar numa start-up. Os economistas também assumem que sempre preferimos a certeza ao jogo.*

Mas essa não é toda a história. Às vezes, tomamos decisões que não se encaixam nessa narrativa simples. No século XX, dois psicólogos, Amos Tversky e Daniel Kahneman, abalaram a economia e a psicologia, ao desenvolverem a teoria da perspectiva. A teoria da perspectiva diz que, quando ponderamos diferentes opções, o valor que atribuímos a elas depende do dinheiro que temos no começo e da existência de possibilidade de perda. Os seres humanos não são apenas avessos ao risco; simplesmente detestam perder qualquer coisa — de 20 bilhões de dólares a uma T-shirt gratuita.

Eis outro exemplo: A riqueza total de Bob, jogador de pôquer amador, é de 1 milhão de dólares. A riqueza total de Phil é de 10 milhões de dólares. Ambos são convidados a participar de um jogo que mexe com o valor do patrimônio líquido de cada um:

A: chance de 50% de terminar com 1 milhão de dólares ou chance de 50% de terminar com 10 milhões de dólares, ou
B: certeza de terminar com milhões de dólares.

Kahneman e Tversky argumentam que Bob ficará feliz da vida com a opção B porque há

A: chance de 50% de Bob não ganhar nada, e chance de 50% de Bob multiplicar por dez a sua riqueza, ou

---

* Supondo que as duas opções ofereçam pagamentos esperados semelhantes.

B: certeza de Bob multiplicar por cinco a sua riqueza.

Exatamente como previu Bernoulli, o valor incremental de outros 5 milhões de dólares, depois que Bob já tem 5 milhões de dólares, não justifica correr o risco; ele é avesso ao risco, diante desse menu de ganhos potenciais.

Mas quando Phil, que tem dez vezes a fortuna de Bob, depara com a mesma aposta, ele a vê de maneira diferente. Sob a perspectiva de Phil, suas opções são:

A: chance de 50% de Phil perder 9 milhões de dólares e chance de 50% de Phil não perder nada, ou
B: certeza de Phil perder metade do seu patrimônio líquido.

Confrontando-se com a possibilidade de uma perda certa ou com a chance de 50% de não perder nada, Phil ficará com a aposta arriscada. A teoria da perspectiva argumenta que os humanos são propensos ao risco, ou se dispõem a aceitar a chance de perdas ainda maiores e a renunciar à certeza, diante desse menu de perdas potenciais.

Antes da teoria da perspectiva, os economistas assumiam que éramos sempre avessos ao risco. Mas, nesse caso, Bob é avesso ao risco porque só tem a ganhar, e Phil é propenso ao risco porque todas as suas escolhas envolvem perdas e nenhuma envolve ganhos. Os pontos de referência, ou as quantias iniciais, determinam como vemos as escolhas arriscadas e o que tendemos a fazer.

É difícil dizer se a teoria da perspectiva comportamental sempre prevê resultados de más decisões. Um resultado que é diferente do que preveem os economistas clássicos não é necessariamente bom ou ruim. É possível imaginar cenários em que a visão de risco baseada em seu ponto de referência faz sentido. Não sei como seria perder 5 milhões de dólares e só ficar com 5 milhões. Mas posso imaginar que essa situação deixaria Phil muito ansioso e acarretaria grande mudança em seu estilo de vida. Ele por certo se sente pior com 5 milhões de dólares do que se sentiria Bob se tivesse a mesma quantia. Até os economistas clássicos assumem que é pior ter sido rico e perder a fortuna do que jamais ter sido rico.

Uma extensão da aversão a perdas, que geralmente resulta em assumir risco desnecessário e admitir mais perda do que normalmente toleraríamos, é denominada efeito *break-even*. Esse efeito foi identificado de início pelos economistas comportamentais Richard Thaler e Eric Johnson,[2] os quais argumentam que, quando perdemos dinheiro e temos a chance de recuperá-lo imediatamente, ou até de superar a quantia inicial, não só assumimos ainda mais risco como também admitimos riscos ainda maiores, e, portanto, nos submetemos a perdas ainda maiores. Se quisermos evitar perda, seria melhor simplesmente irmos embora. O efeito *break-even* explica sua convicção de que a próxima rodada de blackjack ou a próxima moeda no caça-níquel compensará as perdas anteriores ou recuperará o seu dinheiro com alguma sobra.

Suponha que você esteja jogando uma única rodada de pôquer e tenha quinhentos dólares para gastar. Depois de ver as cartas, você deve decidir entre apostar e não apostar os seus quinhentos dólares, para receber oitocentos dólares, ou sair do jogo. Se você estimar em 50% a probabilidade de ganhar oitocentos dólares e em 50% a probabilidade de perder quinhentos dólares, as chances são de que você desista, porque, como prevê a teoria da perspectiva, perder quinhentos dólares parece muito pior do que ganhar oitocentos dólares.

No entanto, se você puder fazer a mesma proposta, depois de perder quinhentos dólares na rodada anterior, o efeito *break-even* prevê que você fará a aposta. Agora, a aposta é entre recuperar a perda, mais trezentos dólares, ou perder ainda mais — mil dólares. A teoria prevê que você fica menos sensível a perdas incrementais depois de grandes perdas.

Efeito *break-even* em atuação: o mundo do pôquer on-line

Agora, a abordagem conservadora de Hellmuth sobre em que rodadas jogar talvez pareça revolucionária. Ele desenvolveu essa filosofia depois de constatar a frequência com que o efeito *break-even* destruía joga-

TEORIA DA PERSPECTIVA: INCLINANDO-SE PARA A RACIONALIDADE

dores em jogos de pôquer de alto cacife. "Geralmente, é da natureza humana, depois de perder, não querer deixar o jogo e jogar um pouco mais, naquela mesa, em especial", diz ele. "Muitos profissionais ótimos jogam pouco quando estão por baixo e jogam muito quando não deveriam, [achando] que podem escapar [se eles] confiarem [nas próprias] habilidades. Talvez isso funcione em 30% das vezes."

Hellmuth vê os jogadores terem sorte quando jogam com mais agressividade, o que os leva a acreditar que, se jogarem assim quando estiverem por baixo, recuperarão o dinheiro. Na maioria das vezes, 70% na estimativa dele, o esquema não funciona — eles perdem ainda mais. Hellmuth atribui o seu sucesso a não cair nessa armadilha.

Economistas do Pomona College[3] perceberam a mesma coisa, depois de estudarem o comportamento numa sala de pôquer on-line, onde os jogadores jogam Texas hold'em. Eles registraram o que aconteceu em mais de 500 mil rodadas, envolvendo 1609 jogadores, de janeiro a maio de 2008. Consideraram os casos em que os jogadores ganharam ou perderam mil dólares e como jogaram as doze rodadas seguintes.

Os economistas estimaram que, depois de uma perda, cerca de dois terços dos jogadores ficam mais soltos, mais propensos a apostar para continuar no jogo. O padrão se manteve em mesas de todos os tamanhos. Os resultados foram ainda mais fortes em termos de agressividade, ou da frequência com que os jogadores aumentavam o lance. A maioria jogava com mais agressividade depois de uma perda.

Estudo posterior de jogadores de pôquer on-line[4] encontrou resultados semelhantes. Observou-se que os jogadores assumiam riscos maiores quando estavam por baixo e que jogavam mais contraídos, apostando em menos de 20% das vezes quando estavam por cima. Os pesquisadores também constataram que os jogadores mais experientes, como Hellmuth (que só joga em 12% das vezes), conseguiam superar esse padrão e jogar de maneira consistente, estivessem por cima ou por baixo.

Será que importa se somos irracionais?

Um operador de títulos na Câmara de Comércio de Chicago, que teve uma manhã de perdas, é 15,5% mais propenso a assumir maiores riscos à tarde em comparação com outro operador que teve uma manhã de ganhos.[5] Embora seja possível que operações mais agressivas exerçam algum impacto sobre os preços do mercado, operações mais racionais de operadores menos tendenciosos afastam quaisquer discrepâncias de preços no fim do dia.

Outras situações financeiras, contudo, mostram que a teoria da perspectiva às vezes pode impactar o mercado — basta se lembrar de como as pessoas são menos propensas a vender uma ação em baixa do que uma ação em alta. A ação em alta tende a continuar subindo, mas nosso desgosto ao experimentar perdas nos leva a sermos mais propensos a vender uma ação vencedora do que uma ação perdedora.[6]

Os humanos fazem escolhas de risco inconsistentes; todos os economistas concordam com isso, mas muitos não estão convencidos de que essas inconsistências transparecem no preço das ações ou exercem impacto significativo nos mercados. Afinal, alguém consideraria lucrativo limitar seus vieses e tirar proveito dos vieses de todas as outras pessoas, como Hellmuth faz no pôquer. E agora que mais operações são promovidas por programas de computador, que não são tão emocionais, os mercados podem ser mais racionais do que nunca.

Seria a suposição de que as pessoas são racionais na tomada de risco uma premissa simplificadora inofensiva ou um ponto cego importante? O debate encrespa-se entre acadêmicos, e como cada tese é difícil de comprovar, inequivocamente, a discussão tende a nunca se encerrar. Um aspecto com que todos concordam é que mais conscientização e educação podem mudar nosso comportamento e nos capacitar a tomar melhores decisões arriscadas.

Estudos revelam que pessoas mais experientes em tomar decisões arriscadas, como Phil Hellmuth, são menos propensas a evitar perdas.[7] Experiência e educação podem transformar a maneira como assumimos riscos. Quanto mais convivemos e lidamos com o risco, mais eficazes nos tornamos no manejo do risco. Nossos vieses naturais, porém, estão sempre presentes. Superá-los às vezes se resume em autocontrole.

TEORIA DA PERSPECTIVA: INCLINANDO-SE PARA A RACIONALIDADE

De que modo assumir riscos como um campeão de pôquer

Para vencer no pôquer, ou em qualquer situação de risco, você não pode ficar muito emotivo ou agressivo quando perder. Você precisa desenvolver regras para si mesmo a fim de evitar esse comportamento; por exemplo, comprometer-se consigo mesmo a não apostar quando tiver perdido cem dólares. Reconheça, porém, que é difícil observar as regras quando as emoções correm soltas, e na próxima rodada você talvez recupere tudo o que perdeu.

Você também pode aprimorar as habilidades de que precisa para, quando realmente for importante, manter-se calmo e esperar pela rodada certa. É assim que Phil Hellmuth, notório pelos chiliques, conseguiu tornar-se campeão de pôquer. Mesmo depois de trinta anos de jogo de pôquer profissional, Hellmuth ainda luta com esse *tilt*, ou "viés". Eis as estratégias que ele usa para controlar as emoções e tomar as melhores decisões possíveis para aumentar as chances de ganhar a rodada.

NUNCA PONHA MUITO DE SEU PRÓPRIO DINHEIRO EM JOGO

Hellmuth segue a regra inflexível de, em qualquer torneio, seu cacife pessoal nunca ser superior a 10 mil dólares. Frequentemente, ele participa de torneios de pôquer de altos cacifes, em que o *buy-in* mínimo é de dezenas de milhares de dólares. Ele aprendeu essa lição da maneira mais difícil, ainda aos vinte anos, quando iniciava o jogo imbuído da intenção de limitar seu *bankroll*, ou orçamento para jogo, mas, então, perdia, e acabava apostando mais do que pretendia, na esperança de recuperar as perdas.

Apesar desses maus hábitos, Hellmuth ficou rico quando tinha uns trinta anos. Ele começou a perceber que outros jogadores da idade dele batiam na parede — eles tinham habilidades para vencer, mas eram muito confiantes e perdiam tudo. Hellmuth decidiu que, quando seu patrimônio líquido caísse para 1 milhão de dólares, ele limitaria as possíveis perdas. A partir de então, passou a entrar em grandes torneios *staked*, ou "com cacife financiado" (quando um investidor externo entra com o dinheiro para você jogar e, então, fica com parte dos ganhos).

Assim, Hellmuth ainda pode ganhar uma boa grana, sem jamais perder demais. Esse *staking* também evita que se desespere quando está por baixo, porque o pior cenário é perder uma pequena fração do patrimônio líquido. Quando lhe perguntam como limitar sua exposição evita que ele se arrisque demais, Hellmuth responde: "Nunca tenho um dia horrível — já me sinto oprimido e exasperado, porque detesto perder". Ele é uma versão extrema de todos nós.

Na maior parte das vezes não sabemos quem subsidiará nossas apostas. Mas também aqui temos algo a aprender com Hellmuth. Ele abre mão de algumas vitórias potenciais para não ter muito na linha que possa vir a perder. Todos podemos agir da mesma maneira, moderando o risco que assumimos, estratégia também conhecida como hedge (explicada com mais detalhes no capítulo 9). Pode consistir em balancear uma carteira de ações com títulos de crédito ou não substituir o salário por opção de compra de ações no trabalho. O princípio é o mesmo: quando tem menos em jogo, você fica mais racional.

ELIMINE O RISCO NEGATIVO EXTREMO

A autobiografia de Hellmuth descreve, nos mínimos detalhes, todas as rodadas, em todos os grandes jogos de que participou. O mais importante para um fã de pôquer menos entusiástico são os acordos marginais que ele faz com outros jogadores. Num momento crucial do jogo, ele e outro jogador frequentemente fazem uma pausa, tiram os microfones e se afastam. Nos bastidores, concordam em dividir o prêmio em dinheiro e ainda oferecem ao vencedor algum ganho extra, exatamente como ele e Annie Duke fizeram no Torneio dos Campeões de 2004.

Para começo de conversa, o pagamento garantido, perca ou ganhe, e o cacife financiado ajudam Hellmuth a concentrar-se; ele não entra em pânico nem joga com muita agressividade, porque não está sujeito a grandes perdas.

Na vida cotidiana, podemos seguir o exemplo de Hellmuth, comprando seguro. Os benefícios do seguro são explicados no capítulo 10. Hellmuth, basicamente, está comprando seguro contra perdas quando faz um acordo marginal. Podemos comprar seguro contra incêndio da casa, contra roubo e contra acidente de carro. E, assim como na estratégia de Hellmuth, o seguro oferece paz de espírito ao reduzir o custo das perdas.

LEMBRE-SE, "ESTA É SÓ UMA RODADA DE MUITAS"

Hellmuth pratica o que os economistas comportamentais denominam *broad framing*, ou "enquadramento amplo": ele nunca se sente pressionado a jogar ou a abandonar uma rodada, mesmo que esteja por baixo, porque se lembra de que é apenas uma rodada de muitas. Ele não se limita a ponderar as chances de uma única rodada; considera como ela se inclui em todo o jogo ou em todo o torneio.

Como os jogos de que Hellmuth participa geralmente duram mais de oito horas, é fácil para ele perder a perspectiva quando está por baixo e assumir grandes riscos numa única rodada para recuperar as perdas. Mas, então, diz a si mesmo para encarar cada rodada como parte de um jogo mais amplo.

Pense em enquadramento amplo como jogar a longo prazo. Por exemplo, você não deve olhar para a sua carteira de ações com muita frequência. Se está investindo para o longo prazo, um dia ruim no mercado, ou até alguns meses de perdas, é apenas um átimo. Não é o momento de vender suas ações. Enquadrar cada decisão arriscada como parte de um jogo abrangente o ajudará a pensar com clareza e a evitar reações excessivas a perdas temporárias.

EVITE O EXCESSO DE CONFIANÇA PARA MANTER O FOCO

Hellmuth nitidamente tem orgulho do seu sucesso. Mas quando se trata de pôquer, ele aproveita todas as oportunidades para ficar humilde.

Ele diz que isso o ajuda a manter o foco. Tudo pode acontecer em um jogo, por mais qualificado que você seja. Mesmo quando está por cima, você pode perder tudo.

Conversei com ele durante uma série de grandes vitórias. Ele venceu os melhores jogadores em grandes torneios e recebeu muitos elogios, mas um jogador de pôquer bem-conhecido tuitou que Hellmuth estava sobrevalorizado. Em vez de defender-se, Hellmuth pediu ao rival para listar quarenta jogadores melhores do que ele, explicando: "Essa voz que duvida de mim e não me atribui qualquer crédito — às vezes eu a uso como a energia dos céticos; isso me motiva".

Hellmuth diz que o excesso de confiança o leva a assumir riscos desnecessários e a jogar quando não deveria, por estar seguro demais de suas habilidades. Também o induz a dispersar-se, e manter o foco é o ingrediente mais importante para vencer um torneio de pôquer ou, de resto, para manejar qualquer risco que pretendemos assumir.

Evidentemente, resolver tornar-se jogador de pôquer profissional é, para começo de conversa, uma decisão arriscada — sobretudo se envolver abandonar a faculdade. É o tipo de decisão que exige muito otimismo. O excesso de confiança o acomete naturalmente, e ele diz que esses acessos de elevada autoestima podem estragar seu jogo.

Muita gente não está preparada para procurar de propósito críticas no Twitter, mas a estratégia de Hellmuth ilustra por que talvez seja o caso de buscar diferentes pontos de vista e estar aberto a amizades com pessoas que nem sempre comungam nossas opiniões. Evite o pensamento de grupo, formando uma equipe que aborda os problemas de trabalho sob diferentes perspectivas ou tentando manter um debate civilizado sobre política com alguém que não concorda com as suas posições. Essa estratégia pode conscientizá-lo dos riscos negativos contra os quais você deve proteger-se, para que os encare com mais clareza e objetividade.

O exemplo de Hellmuth nos ensina a ser bastante confiantes para assumir um risco — atuar como jogador de pôquer profissional ou trabalhar numa start-up —, mas, depois de decidir, adotar uma posição mais avessa ao risco: ser menos reativo ao perder e mais consistente na tomada de risco, aplicando estratégias de gerenciamento de riscos, para que você nunca tenha muito a perder e seja capaz de focar no sucesso.

7
Má interpretação do risco: nunca pensei que me pegariam

O poeta deve preferir impossibilidades
prováveis a possibilidades improváveis

Aristóteles

TODOS CAÍMOS NESSA. O Powerball Jackpot, um grande prêmio de loteria, é o maior da história, e, enquanto você espera na fila, numa loja de conveniência, é impossível não ler o anúncio: "Você não pode ganhar se não jogar". E você compra um bilhete.

Jogar realmente não aumenta as chances de ganhar, pelo menos não de maneira significativa. Em termos matemáticos, a diferença entre zero,e um em um zilhão (a chance de ganhar o grande prêmio da loteria) é diminuta demais para ser considerada significativa. Mas essa não é a *percepção*. Comprar o bilhete cria a possibilidade de ganhar, mesmo que a chance seja mínima, e atribuímos muito peso a essa possibilidade tão inexpressiva.

Um cálculo de risco sensato e racional não desprezaria algo tão improvável. Se você pensasse como um economista financeiro, o peso que atribuiria a ganhar na loteria seria igual à chance de efetivamente ganhar. No entanto, ninguém age assim; por isso tanta gente compra bilhete de loteria. Sabemos que a verdadeira chance é de um em um zilhão, mas agimos como se a chance fosse muito maior a nosso favor.

A maneira de interpretar probabilidades geralmente consiste em como os dados são apresentados. Aquele anúncio na caixa registradora onde você compra o bilhete — "Você não pode ganhar se não jogar" — lança na sua cabeça a possibilidade de ganho, e deixa a sensação de que ganhar o grande prêmio é muito mais provável. Talvez não comprássemos o bilhete se o aviso dissesse "As chances de que você não ganhará nada são esmagadoras".

A loteria é apenas um exemplo de uma situação em que supomos probabilidades melhores do que as reais, ao contrário do que de fato sabemos. Quando tomamos decisões arriscadas, o comportamento racional é avaliar o risco, ponderando cada resultado possível com base na melhor estimativa de probabilidade. Todavia, as chances com que efetivamente nos defrontamos e as chances que supomos ao tomar uma decisão quase sempre são incompatíveis.

No caso da loteria, sobrestimamos a chance real; em outras situações, subestimamos a chance real. O crime é um exemplo de enorme erro de cálculo. As pessoas cometem crimes por numerosas razões — desespero; más intenções alavancadas pela sede de violência; ganância; impulsividade; e falta de oportunidades honestas de ganhar a vida. Os criminosos, porém, desde um traficante de drogas iniciante de dezoito anos até um astuto insider trader, de 55 anos, têm uma característica em comum: acham que não serão descobertos, mesmo que haja grandes chances de serem presos.

Quem morava na cidade de Nova York nos anos 1970 e 1980 provavelmente se lembra da Crazy Eddie, uma cadeia de lojas de produtos eletrônicos fundada por Eddie Antar, seu primo e seu pai, pela onipresente campanha publicitária. Os anúncios apresentavam um DJ de rádio local, de fala acelerada, dr. Jerry Carroll, berrando sobre produtos eletrônicos baratos e finalizando com "Crazy Eddie, seus preços são IN-SA-A-A-A-NOS!". Os anúncios viraram um selo cultural, parodiados no *Saturday Night Live* e apresentados como atração no filme *Splash, uma sereia em minha vida*, com Tom Hanks.

Acontece que Crazy Eddie era a fachada de uma grande organização criminosa familiar. As lojas vendiam produtos eletrônicos baratos, mas geravam grande parte da receita com vendas não contabilizadas, sonegando impostos e embolsando o que deveria ser arrecadação tributária. O esquema rendeu para os Antar uma boa quantia, cerca de 7 milhões de dólares.[1] Mas eles queriam mais.

Dois anos depois da abertura do negócio, Eddie deu ao primo de catorze anos, Sam Antar, um emprego de estoquista. "Eu era o nerd da família, que já lia, aos doze anos, o *Wall Street Journal*, quando todos os outros garotos curtiam revistas em quadrinhos. A família descobriu alguém que podia ser adestrado." Eddie pagou a faculdade do primo para que estudasse contabilidade e um dia bolasse grandes fraudes. "Eles me pagavam para estudar. Imagine-se fazendo doutorado em economia, às custas de alguém que efetivamente o remunerava para ficar na escola."

Quando eu disse a ele que meu ph.D. foi subsidiado, que as universidades geralmente concedem bolsa de estudo aos alunos de pós-graduação, ele riu. "Isso é bom. Eu estava fazendo ph.D. para ferrar as pessoas com atividades criminosas."

Louco, com certeza

Depois de concluir a faculdade, em 1979, Sam Antar reuniu a família e explicou seu plano para abrir o capital da Crazy Eddie e, assim, vender a cadeia de lojas de produtos eletrônicos para o público no mercado de ações. Preparar o negócio para a oferta pública inicial (IPO na sigla em inglês) demoraria poucos anos; quanto maior fosse o preço de lançamento da ação, maior seria o lucro para os Antar. Assim, no percurso para o IPO, eles passaram a contabilizar e a declarar parcelas cada vez maiores do lucro efetivo, pagando parcelas maiores dos impostos devidos, porque assim tornariam o negócio mais rentável. O lucro crescente atrairia os investidores e impulsionaria o preço da ação.

No entanto, se dirigir um negócio que sonega impostos já é arriscado, mais perigoso ainda é abrir o capital do negócio, tornando-o público. Isso convida a um escrutínio maior das autoridades, e, uma vez que outsiders fossem os donos da empresa, os Antar teriam menos controle. Perguntei se os Antar discutiram esses riscos naquela noite fatídica de 1979, e Sam explicou por que não o fizeram:

Éramos um empreendimento criminoso desde 1969, e eu era parte daquele negócio desde 1971. Em 1979, eu não tinha motivos para pensar que, depois de anos de êxitos, não seria bem-sucedido. Evidentemente, eu conseguiria. Eu me ergueria sobre as conquistas do passado e alcançaria vitórias ainda maiores. Isso me deu autoconfiança para cometer crimes. É como uma bola de neve. Aquilo me levou a ambicionar cada vez mais.

Sam trabalhava para os auditores, então conhecia todos os truques contábeis e sabia como enganá-los. A família supôs que ele era esperto o bastante para manter-se um passo à frente dos auditores e das autoridades. E, realmente, foi o que ele fez durante muito tempo, inclusive distraindo os auditores, a maioria homens, enchendo o escritório com mulheres jovens e sedutoras.

Mesmo assim, é espantoso que os Antar tenham imaginado que conseguiriam operar essa grande falcatrua e nunca seriam apanhados. Ribombar nas ondas radiofônicas com os anúncios mais memoráveis da década foi um dos ingredientes desse delírio coletivo. Se você estiver dirigindo uma trapaça desmedida, discrição seria a melhor abordagem.

Em 1984, a empresa abriu o capital e a ação chegou a oito dólares. À medida que os lucros pareciam aumentar, a cadeia de lojas se expandia e o preço das ações subia.

No auge, Crazy Eddie tinha 43 lojas e declarava vendas de 353 milhões de dólares, mas o negócio era ainda mais rentável no papel, graças às manipulações dos Antar. A família seguiu especulando com as ações da empresa, embolsando mais de 60 milhões de dólares.[2]

Até que as pressões começaram a aumentar, enquanto o negócio e os resultados desaceleraram e o varejo de produtos eletrônicos já não era tão lucrativo quanto antes. Assim, os Antar aumentaram o risco do crime: trouxeram para os Estados Unidos, via Panamá, o dinheiro que tinham lavado nos anos 1970, até então depositado num banco estrangeiro, e o usaram para aumentar a receita. Por ironia, acabaram pagando todos os impostos que haviam sonegado no passado, mas valeu a pena porque, assim, podiam inflar ainda mais o preço das ações.

MÁ INTERPRETAÇÃO DO RISCO: NUNCA PENSEI QUE ME PEGARIAM

Os negócios continuaram a piorar. No ano fiscal de 1987, Crazy Eddie declarou lucro de 20,6 milhões de dólares, quando, de fato, perdeu milhões.[3] A ânsia de enriquecer uniu a família, mas quando o dinheiro começou a escoar, os laços ficaram mais fracos. Eddie brigou com o pai, por tê-lo dedurado à nora, revelando que ele tinha uma amante. Rumores de disputas na família e o desaquecimento do mercado de produtos eletrônicos assustaram os investidores. A cotação das ações da Crazy Eddie afundou de 21,65 para cerca de cinco dólares. O valor total das ações da Crazy Eddie, ainda de propriedade da família, agora correspondendo a apenas 5% do capital social, era uma ninharia. A baixa cotação da ação significava que o controle da Crazy Eddie podia ser comprado a qualquer momento, revelando sua fraude.

Os Antar tentaram recomprar a maioria das ações da empresa, mas não conseguiram financiamento, e outro investidor adquiriu o controle e os expulsou. Cerca de duas semanas depois, os novos controladores descobriram que o inventário da Crazy Eddie estava superavaliado em mais de 65 milhões de dólares.[4] Tudo desabou como um castelo de cartas.

Eddie fugiu para Israel, onde foi capturado. Sam Antar se voltou contra a família e começou a trabalhar com o FBI e a SEC [Securities Exchange Commission], para montar o caso de fraude tributária e manipulação de valores mobiliários. Escapou com o pagamento de algumas multas e seis meses de prisão domiciliar. Eddie foi condenado a oito anos de prisão, nunca mais falou com Sam Antar e "morreu amargurado" em 2016.

Além de Sam Antar, também passei algum tempo conversando com homens que haviam sido libertados recentemente da prisão, na Fortune Society, organização sem fins lucrativos no Queens, Nova York, que ajuda ex-presidiários a se reintegrarem na sociedade. À maioria dos homens faltavam a educação e a riqueza com que Antar havia crescido, mas ostentavam a mesma autoconfiança de Antar em que escapariam impunes de seus crimes. Viviam em comunidades onde muitos amigos e parentes também eram ex-detentos. Todos reafirmaram, com alguma variação, as mesmas coisas, nas palavras de um deles: "Não, eu achava que era mais esperto que todos aqueles caras".

Considerando a natureza do trabalho deles, a gestão de riscos geralmente está presente na cabeça da maioria dos criminosos. Todos os ex-presidiários com quem conversei contaram-me, cheios de orgulho, suas estratégias de hedge. No entanto, quando pensamos em criminosos, na maioria das vezes não os associamos a tomadores de risco prudentes, decerto porque a decisão de cometer um crime é, antes de tudo, extremamente arriscada. Porém, essa escolha é feita todos os dias por muita gente, embora a probabilidade real de ser pego seja, quase sempre, muito maior que a chance de ficar impune.

Somos todos preguiçosos em compreender probabilidades

Embora você provavelmente não tenha decidido perpetuar uma grande fraude de títulos financeiros, decerto já houve ocasiões em que subestimou as chances de o risco não compensar. Pode ter sido uma decisão com poucas chances de sucesso, como mudar-se para Hollywood e virar estrela de cinema ou apostar na loteria todas as semanas. As chances que atribuímos à ocorrência de um evento — ganhar um Oscar ou acertar no Grande Prêmio — explicam como avaliamos o risco e tomamos decisões. Se o nosso medidor estiver desligado, e geralmente está, podemos comprometer a mais cuidadosa análise de risco.

Por exemplo, depois do Onze de Setembro de 2011, muita gente ficou com medo de voar de avião e passou a dirigir mais. Estatisticamente, dirigir é mais perigoso; um estudo estima que esse aumento do medo de voar, pós-Onze de Setembro, resultou em 1600 mortes adicionais no trânsito.[5] Todos sabemos que dirigir é mais perigoso do que voar, mas a imagem de um desastre de avião, especialmente pavoroso, que a toda hora reaparece nos noticiários muda nosso cálculo de risco.

Em geral, a razão de assumirmos um grande risco decorre basicamente de como percebemos as probabilidades. As maneiras mais comuns de distorcermos as chances são:

MÁ INTERPRETAÇÃO DO RISCO: NUNCA PENSEI QUE ME PEGARIAM

1. Sobrestimamos a certeza. Quando agimos assim, nem mesmo nos ocorre que a decisão envolve riscos. Se estamos comprando uma casa, assumimos que os preços só subirão. Ou as pessoas se mudam para Hollywood por acreditarem que são mais bonitas ou mais talentosas que a maioria.

   Os Antar nunca pensaram que seriam pegos. Eles acreditavam que Sam sempre seria mais astuto que a SEC, responsável pelos valores mobiliários, e o IRS, o serviço de receita dos Estados Unidos. Os outros criminosos que entrevistei nem consideraram a hipótese de serem presos.

2. Sobrestimamos o risco de eventos improváveis. Assumimos que um evento remoto e terrível é mais provável do que é na realidade. Por isso muitas pessoas têm mais medo de voar do que de dirigir, ainda que estejam conscientes de que as chances de morrer em um acidente de carro são mais altas. Um desastre de aviação é especialmente horrível, motivo pelo qual admitimos chances mais altas de que venha a ocorrer.

3. Assumimos correlações inexistentes. Depois de receber num jogo de pôquer boas cartas em algumas rodadas, você talvez imagine que está em maré de sorte e que a mão seguinte também será favorável. Como se sabe, cada mão que você recebe não tem nada a ver com a anterior.

   Quando se trata de crime, escapar impune uma vez, ou muitas vezes, gera a ilusão de impunidade. Os Antar imaginaram que, como tinham escapado da sonegação de impostos, também se esquivariam da fraude de títulos financeiros. Errado de novo, e os sucessos anteriores os levaram a assumir riscos ainda maiores, para prosseguir no embuste.

4. Atribuímos grande peso a eventos muito prováveis ou muito improváveis, e quase não ponderamos qualquer coisa que ocorra entre os extremos. A diferença entre probabilidade de 0% e de 5% parece enorme, porque admite a possibilidade. A diferença entre 100% e 95% também parece significativa, porque admite ou rejeita o risco. Mas a diferença entre 50% e 55% mal influencia nossas decisões.

Quanto mais próximos chegamos da certeza, mais peso atribuímos à probabilidade; sob uma perspectiva matemática, porém, variação de 5% na probabilidade sempre tem o mesmo peso, e assim deve ser ponderada, não importa onde se situe no contínuo.

Sociólogos fizeram uma pesquisa com 1354 adolescentes,[6] julgados culpados por delitos graves, quase sempre criminais, no sistema judiciário de menores e adultos do condado de Maricopa, Arizona, e na Filadélfia, Pensilvânia, durante um período de cinco anos.

Perguntou-se aos transgressores que chances atribuíam à hipótese de serem presos por vários crimes sérios, como agressão física, assalto à mão armada, esfaqueamento, arrombamento de lojas ou casas, furto de roupas em lojas, vandalismo e roubo de carros. Durante a pesquisa, os sociólogos acompanharam os jovens e perguntaram quais crimes eles haviam cometido. Se a percepção do risco de ser pego fosse meticulosamente considerada na decisão de cometer o crime, um aumento de 1% na chance de ser preso diminuiria em 1% a criminalidade. Os humanos, entretanto, não são tão simples.

Essa evidência sugere que pretensos criminosos não consideram o risco de maneira linear. Se a chance de ser apanhado dobra de 10% para 20%, a probabilidade de cometer o crime não se altera. Mas se a chance aumenta de 85% para 95%, o mesmo incremento de 10% dissuadia muitos jovens de reincidir.

Todos nós, vez por outra, percebemos mal as probabilidades. Mas não estamos fadados a sempre subestimar ou sobrestimar o risco: a maneira como percebemos as chances de algo acontecer depende de como o risco nos é apresentado, e exercemos mais controle sobre esse aspecto do que supomos.

Pensar probabilisticamente não é natural

O psicólogo Paul Slovic disse que definir risco é um exercício de poder.[7] O fato de o cérebro humano nem sempre processar as probabilidades da maneira esperada pelos economistas deixa espaço para distorcermos a percepção de risco e alterar nosso comportamento. Jogar com a percepção de risco pode induzir todos os tipos de comportamento, como o que decidimos comprar, se pedimos comida não saudável, se cometemos crime, ou que filme escolhemos.

O slogan da loteria "Você não pode ganhar se não jogar" insinua que ganhar na loteria é possível, mesmo que não seja nem remotamente provável. Se o Google Maps disser que demoraremos vinte minutos para chegar ao trabalho, essa estimativa sugere certeza, embora de fato exista uma faixa de risco em torno da previsão do Google, que não foi mencionada. A Netflix pode recomendar um filme de arte polêmico, sugerindo que você certamente gostará, porque 60% das pessoas com as suas características demográficas já o viram. O vendedor de um novo televisor talvez mencione uma longa lista de tudo o que pode dar errado com o aparelho, por mais improváveis que sejam as ocorrências, ao sugerir uma garantia estendida. Todas essas formas sutis de comunicação podem alterar a maneira como percebemos ou não o risco que efetivamente enfrentamos.

A forma como se expõe ou apresenta o risco pode até desencorajar o crime. Durante muitos anos, supôs-se que a ameaça de longas penas de reclusão poderia diminuir a criminalidade. Afinal, a perspectiva de muitos anos de prisão aumenta o risco negativo do crime: a pena mais grave torna o crime mais arriscado. Todavia, depois de décadas de longas penas de prisão, que resultaram no encarceramento em massa de milhões de americanos, as evidências sugerem que essas sentenças de reclusão prolongada efetivamente não coibiram a criminalidade.[8] Esse não é um risco importante e significativo para alguém que está considerando cometer um crime. Até o relacionamento com pessoas que tinham sido presas não impactou a decisão dos ex-condenados com quem conversei, porque estavam convencidos de que ficariam impunes.

As evidências sugerem que o aumento do policiamento nas ruas é o dissuasor mais eficaz.[9] Até podemos dizer a nós mesmos que não seremos pegos; se, porém, virmos um policial nas imediações ao nos prepararmos para assaltar uma loja, dificilmente manteremos a crença na impunidade. O policiamento ostensivo torna o risco mais visível, aumenta o seu impacto e reforça a probabilidade de ser pego ao nível de quase certeza, mesmo que a punição em si continue incerta. Sam

VIVER COM RISCO

Antar me disse que ele ainda luta para ficar longe do crime. Também afirmou que cumprir a lei era mais fácil quando ele trabalhava para a SEC e se sentia sob vigilância constante.

Aviso importante: nem todo tipo de policiamento tem a mesma eficácia. Certas táticas são mais eficazes que outras. As evidências referentes a policiamento de "janela quebrada" (prender por pequenas transgressões) e "parar e apalpar" (abordar civis que não estão cometendo delitos e revistá-los em busca de armas) são menos convincentes como redutores da criminalidade — e essas táticas suscitam questões sobre a ética do policiamento. Mas os estudos constataram que reforçar a vigilância em áreas de alta criminalidade, ou *hot spots*, acarreta queda mensurável na criminalidade nesses lugares. O policiamento comunitário (mobilizar policiais que conhecem a área e os moradores) também pode ser eficaz.[10]

E não se trata apenas dessas mensagens mais ou menos sutis. Mesmo probabilidades explícitas podem ser enganosas. Em 1995, o Comitê sobre Segurança de Medicamentos do Reino Unido publicou um aviso de que fármacos de controle de natalidade de terceira geração dobravam o risco de formação de coágulos sanguíneos — aumento de 100%. As mulheres ficaram apavoradas: a cifra parecia sugerir que quem ingerisse substâncias para controle de natalidade teria trombos. Muitas mulheres pararam de tomar a pílula, o que levou ao aumento de gravidez indesejável e de casos de aborto: em 1996, o número de abortos na Inglaterra e no País de Gales aumentou em 13 mil casos.

No entanto, o aumento de 100% no risco de trombose foi equivocado. O estudo na verdade revelou que uma em cada 7 mil mulheres desenvolvia coágulos sanguíneos depois de ingerir pílulas de segunda geração. Esse número aumentou para duas em cada 7 mil mulheres no caso de pílulas de terceira geração.[11]

Como assumir o controle

Medir com exatidão as probabilidades é invenção relativamente moderna. Os seres humanos são capazes de mensurar e definir risco há apenas poucas centenas de anos. Não surpreende que nosso cérebro

MÁ INTERPRETAÇÃO DO RISCO: NUNCA PENSEI QUE ME PEGARIAM

não avalie o risco como algo espontâneo, da mesma maneira como cientistas e economistas financeiros medem a probabilidade.

Nossa capacidade de fazer boas inferências sobre probabilidade depende de como o risco é apresentado; no entanto, o aumento da conscientização nos torna menos suscetíveis ao poder da sugestão. O psicólogo Gerd Gigerenzer estuda como as pessoas percebem o risco. Ele argumenta que as pessoas podem não compreender probabilidades, mas que isso não implica incapacidade de raciocínio probabilístico e de compreensão do risco.[12] Suas pesquisas mostram que frequências, o número de vezes em que realmente algo acontece, são mais acessíveis que probabilidades, porque são mais compatíveis com o raciocínio humano e oferecem o destaque de que precisamos para interpretar o risco.

Voltemos ao exemplo do controle de natalidade no Reino Unido: o aumento de 100% parecia quase certo, mas quando a informação foi apresentada na forma de frequências — uma em 7 mil e duas em 7 mil — o verdadeiro risco ficou mais claro. De acordo com as investigações de Gigerenzer, quando veem frequências em vez de probabilidades, as pessoas tendem a tomar decisões sensatas e racionais, e conseguem interpretar as probabilidades. Suas descobertas também indicam que as pessoas se lembram melhor de frequências do que de probabilidades.

Gigerenzer acha que devemos ensinar risco e probabilidade da mesma maneira como ensinamos leitura e matemática básica. Os humanos não nascem sabendo ler; aprendemos essa habilidade porque é indispensável no mundo moderno. As pesquisas de Gigerenzer mostram que as pessoas podem compreender o risco, mas nosso cérebro evoluiu para compreender o risco em certo contexto; por isso as frequências soam melhor para nós do que as probabilidades. Agora, o contexto está mudando, e o conhecimento básico de estatística é simplesmente tão crítico para a atuação no mundo moderno quanto a alfabetização.

Pensar probabilisticamente pode não ser natural. Mas nossa capacidade oculta de interpretar o risco nos dá mais poder do que nunca. A tecnologia tem o potencial de mudar a maneira como medimos e percebemos o risco e de nos capacitar a fazer avaliações probabilísticas mais exatas que em qualquer outra época. As empresas de tecnologia coletam dados a respeito de tudo o que fazemos: a que filmes assistimos, o que compramos e aonde vamos. Esses dados podem ser usados para estimar probabilidades que ajudem a orientar nossas decisões. Em breve, estaremos municiados das mais exatas probabilidades disponíveis. Os avanços de hoje podem mostrar-se mais profundos que os de Fermat e Pascal ao medirem o risco pela primeira vez.

De que adiantam, porém, todas essas estimativas de probabilidade, se as distorcemos? Ainda mais assustador, nossa sensibilidade à percepção do risco confere às empresas de tecnologia um novo poder: a capacidade de apresentar o risco de modo a alterar nossas decisões e manipular nossos temores. A capacidade de medir melhor as probabilidades pode ser usada para educar-nos ou para manipular-nos a comprar coisas que não queremos ou de que não precisamos.

O ensino básico do risco talvez não seja oferecido no futuro próximo, mas podemos aprender por iniciativa própria a interpretar os dados disponíveis. Uma maneira de decodificar as chances com que nos defrontamos é pensar em termos de frequência. Talvez não signifique nada para você ouvir que a probabilidade de chuva é de 30%. Como interpretar essa probabilidade: choverá durante 30% do dia ou a chance de chover em algum momento do dia é de 30%? Eis outra maneira de raciocinar a esse respeito: no período de cem dias, em condições semelhantes, choverá em trinta dias. Quando o amigo de um amigo ganha na loteria, você talvez ache que as chances de que você também compre o bilhete premiado são maiores. Apenas se lembre de todas as pessoas que você conhece, inclusive você mesmo, que jogam na loteria e nunca ganharam.

No mundo moderno enfrentamos desafios que exigem habilidades adquiridas, a serem desenvolvidas. Numa sociedade movida a dados, podemos estimar a probabilidade de apreciarmos um filme, de vencermos num emprego ou de sermos pegos e presos por um crime. A maioria de nós não foi educada para compreender probabilidades — mas isso não significa que não sejamos capazes de usar frequências para desenvolver o raciocínio probabilístico.

REGRA 3
ALCANCE O MELHOR CUSTO-BENEFÍCIO
PARA O SEU RISCO

Tudo tem um preço. Esse mesmo princípio se aplica à tomada de risco. Risco é o preço que pagamos para obter mais. E, como em qualquer outra coisa na vida, não há razão para pagar mais por algo que se consegue por menos.

Quando tomamos uma decisão arriscada — mudar de emprego, comprar uma casa, ir a um encontro romântico sem conhecer o parceiro — geralmente é verdade que a possibilidade de uma recompensa maior envolve mais risco. Daí não se conclui, porém, que mais risco sempre acarreta mais recompensa. Às vezes, deparamos com diferentes opções que oferecem a mesma recompensa, mas uma envolve mais risco que outras. O capítulo 8 mostra como assumir o menor risco possível e maximizar a recompensa.

Os economistas financeiros consideram ineficiência assumir risco desnecessário. Eles argumentam que é possível alcançar mais eficiência por meio da diversificação. O resultado é a mesma recompensa, ou maior recompensa, por menos risco — uma pechincha, de fato, em termos de risco.

8
Diversificação: buscando eficiência em todos os lugares errados

Ponha todos os ovos numa cesta... a alça vai quebrar.
Então, você terá ovos mexidos.

Nora Roberts, *Doce relíquia mortal*

ENFRENTAR RISCOS É O CUSTO DE CONSEGUIR o que queremos, e, como acontece com qualquer outro custo, às vezes economizamos e conseguimos mais com menos. Podemos eliminar o risco desnecessário diversificando, ou tendo muitos ativos diferentes para não apostar tudo num ativo só. Fora da economia financeira, isso talvez signifique namorar várias pessoas ou ter diferentes trabalhos, na era da economia *gig*, ou do bico. Diversificando da maneira certa, você consegue o resultado que mais se aproxima do almoço grátis. Você alcança as mesmas recompensas esperadas, ou mais, e se defronta com menos risco.

Nas décadas de 1950 e 1960, a ideia de que era possível reduzir o risco e obter a mesma recompensa esperada foi uma revelação que mudou o conceito de investimento. Agora, a mesma ideia está se difundindo e pode levar a diversidade para outros campos, mesmo para lugares que jamais se associariam ao mercado de ações, como um haras no *horse country* de Kentucky.

O cavalo de corrida é uma criatura excepcional — uma carteira de investimentos viva e pulsante. E exatamente da mesma maneira como a combinação elusiva de ações, que acena com riqueza para os investidores, todos os anos, um cavalo com um blend perfeito de características é necessário para vencer nos hipódromos. Um cavalo campeão tem o tamanho certo, um coração nas dimensões exatas e ancas que se encurvam com precisão no ângulo perfeito. Também precisa de temperamento adequado e de resiliência inesgotável para vencer, de treinamento competente e persistente, e de jóquei habilidoso para aproveitar todo o seu potencial. Quando tudo estiver no lugar, a corrida será tão eficiente que o vencedor completará dez furlongs, ou pouco mais de 2 mil metros, em menos de dois minutos. O mesmo não se pode dizer da eficiência da criação de cavalos de corrida.

Tenha piedade do *teaser*

O galpão de cruzamento do haras Three Chimneys, em Versailles, Kentucky, não é um lugar romântico. No dia em que o visitei, quatro pessoas usando capacetes pretos e coletes acolchoados circulavam pelo recinto, circunspectas e diligentes. Uma fêmea, ou égua reprodutora, foi trazida de um estábulo próximo, onde um *teaser* — um cavalo menos valioso, que minimiza o risco de uma égua indisposta machucar o garanhão que tentar o cruzamento — já a havia deixado no ponto. O *teaser* é afastado, antes de copulá-la.*

A égua** ficou num canto do galpão, mantida com firmeza para não escoicear o garanhão que acabara de entrar. Era a lenda que eu queria conhecer. O nome dele é Gun Runner, o garanhão mais quente do mercado. Só tinha parado de correr poucos meses antes, de modo que continuava musculoso, lustroso e vigoroso. É o Mick Jagger (no auge) dos cavalos. Uma sessão com ele custa 70 mil dólares.

Eu não tinha ideia do que esperar durante o evento principal. Aconteceu que era difícil não deixar transparecer o constrangimento. Depois de algumas fungadas, Gun Runner montou na égua, enquanto um dos

---

* Os *teasers* são levados a procriar pelo menos uma vez por ano, com uma égua igualmente menos apta. Os criadores lhes oferecem essas oportunidades para agradá-los e para mantê-los motivados a prosseguir em seu trabalho ingrato.
** O dono prefere que eu não revele o nome dela.

humanos com capacete puxou a cauda da fêmea para trás e o outro ajudou o garanhão a penetrá-la. Cerca de três minutos depois, Gun Runner saltou para fora e o contexto deu uma virada clínica. Um dos humanos correu para coletar o esperma que escorria, levou-o para uma sala conjugada e o observou ao microscópio. Todos demos uma olhada, e era bom — o esperma de Gun Runner corria mais rápido do que o dono. A manipuladora com capacete pôs o esperma coletado numa seringa, introduziu o braço até o cotovelo na égua e o injetou nela, como garantia. A manipuladora suspirou, tirou a luva, e apertou minha mão.

Gun Runner teria de fazer tudo aquilo de novo, mais tarde, naquele dia, com uma égua diferente. Na agenda, ele deveria procriar com 170 éguas naquela estação, média de três por dia.

O mercado de reprodução é ineficiente

Os criadores de cavalos falam sobre equinos da mesma maneira como os paparazzi conversam sobre celebridades, e Gun Runner é realmente famoso agora. Quando comento que o vi reproduzindo, todos acenam com ar de aprovação. Sua carreira de corredor foi excelente, e seu pedigree, melhor ainda. O mais importante, porém, é que ele é novo como reprodutor, e fama significa dinheiro. Muitos criadores sérios querem o esperma de Gun Runner... pelo menos agora. É provável que seus valores como reprodutor caiam um pouco no próximo ano, quando um novo reprodutor chegar à cidade. Ser novo e inédito pode ser valioso.

No entanto, Gun Runner não é, de modo algum, o mais demandado. Mais cedo, naquele dia, em Claiborne Farm, conheci War Front. Seu preço de reprodução, quando o visitei em 2018, era de 250 mil dólares; ele auferiu mais de 25 milhões de dólares naquele ano para o grupo proprietário. Em 2016, ele recebeu a mesma quantia que American Pharoah, vencedor tricampeão de Coolmore Stud.* War Front é reprodutor desde 2007, e vários de seus descendentes têm

---

* Os atuais preços de reprodução de American Pharoah são informação confidencial.

DIVERSIFICAÇÃO: BUSCANDO EFICIÊNCIA EM TODOS OS LUGARES ERRADOS

alcançado grande sucesso — seus potrinhos são vendidos por até 1,9 milhão de dólares.

Neste instante, Gun Runner está embolsando o seu ineditismo, mas ninguém realmente sabe se, algum dia, alcançará os escalões mais altos da reprodução, como foi o caso de War Front. Demora pelo menos três a quatro anos para saber o valor da progênie de um garanhão. Daqui a alguns anos, quando os bebês de Gun Runner começarem a correr, seus preços como reprodutor dispararão ou despencarão. Isso explica por que ele cruzará 170 vezes em 2018; seus donos precisam fazer dinheiro enquanto podem. E gera-se valor, não custo, com a ampla diversificação: quanto mais éguas ele emprenhar, maiores serão as chances de procriar um cavalo campeão. Grant Williamson, que, quando fui lá,* decidia com que éguas Gun Runner cruzaria em Three Chimneys Farm, explicou que o mercado só recompensa o número bruto de progênie exitosa, não a porcentagem de progênie exitosa. Assim, se Gun Runner produzir três cavalos vencedores, o preço dele disparará — mesmo que ele gere duzentos potros que nunca competirão.

Produzir cavalos vencedores é empreendimento de risco, porque, não obstante o pool de genes limitado que faz um Puro-Sangue ser um Puro-Sangue, ninguém realmente sabe o que se oculta nos genes de um cavalo e que traços serão herdados. Tradicionalmente, quando se planeja o acasalamento, todas as informações conhecidas são a linhagem do cavalo e quantas corridas os pais e a prole venceram, o que, por seu turno, determina os preços de reprodução. Um cavalo vencedor, contudo, não tem muito mais chances de gerar um campeão. Jill Stowe, economista da Universidade de Kentucky, que pesquisa o mercado de reprodução, estima que, nos mercados que ela estudou, preços de reprodução mais altos se correlacionam com rendimentos *mais baixos* nas pistas de corrida.[1] Algo parece estar enviesado no mercado de reprodução.

No mercado de criação de cavalos, como na indústria cinematográfica, onde é difícil prever os resultados, há incentivos para reduzir o risco no curto prazo, a expensas de piores resultados no longo prazo. O sis-

---

* Ele deixou Three Chimneys depois da minha visita.

tema, porém, não tem sido eficaz: embora os custos de criação estejam aumentando, os melhores espécimes não estão ficando mais velozes.

Mas isso pode mudar. Dados e ciência talvez sejam a solução, permitindo que os criadores adotem uma estratégia de redução de riscos, extraída diretamente da economia financeira.

Como os criadores reduzem o risco

Produzir cavalos é investimento muito arriscado. O útero de uma égua de reprodução é valioso e demora onze meses para gerar um potro. Depois do nascimento, passam-se mais dois ou três anos nutrindo-o e treinando-o, até que esteja pronto para correr. Da concepção até as pistas, gastam-se mais de 100 mil dólares para produzir um cavalo de corrida (não incluindo o preço de reprodução). Ninguém sabe se o investimento compensará até o potro começar a correr. Muitas são as chances de que não venha a competir. Dos cerca de 20 mil potros puros-sangues que nasceram nos Estados Unidos em 2018, cerca de 30% nunca começarão uma corrida, e apenas 8% participarão de uma corrida de apostas e ganharão alguma grana nas pistas.[2] É um investimento de longo prazo, com poucas chances e poucas informações em todas as fases.

Para gerenciar o risco de o alto investimento não compensar, os criadores raramente competem em corridas com os seus animais. O cavalo que vi ser concebido provavelmente será vendido um ano depois do nascimento, como potro de um a dois anos, de modo que o criador consiga algum retorno do investimento, antes que seja possível avaliar o potencial do cavalo. Stowe estima que o preço de venda do potro seja explicado quase exclusivamente com base nos genitores.[3]

O potro pode ser vendido novamente, depois de um ano, quando tiver dois anos, e começar a participar de pequenas corridas. Nesse estágio, já se dispõe de mais informações, como rapidez em corridas curtas, de alta velocidade, mas sua capacidade de vencer corridas mais longas, com grandes prêmios, ainda não está clara. Talvez até pareça contraintuitivo que o cavalo mais veloz dificilmente vencerá o Kentucky Derby; entretanto, os cavalos, como as pessoas, têm diferentes tipos genéticos.

DIVERSIFICAÇÃO: BUSCANDO EFICIÊNCIA EM TODOS OS LUGARES ERRADOS

Em 2009, os cientistas sequenciaram o genoma do cavalo, e, poucos depois, a geneticista irlandesa Emmeline Hill, especializada em equinos, descobriu o "gene da velocidade" do cavalo.[4] Suas descobertas indicaram que a velocidade depende de variações encontradas no gene da proteína miostatina (MSTN) do cavalo, que regula o desenvolvimento dos músculos e o tipo de fibra muscular. Em cavalos e humanos, esse gene determina se você é corredor de arrancada em pistas curtas ou de resistência em pistas longas. Em cavalos, há três tipos genéticos: velocistas, fundistas e híbridos (com atributos de velocistas e fundistas, e correm melhor em percursos de cerca de dois quilômetros).

Os velocistas tendem a alcançar bons preços quando são jovens por serem velozes e musculosos; e também parecem ser capazes de correr desde cedo; mas isso não significa que serão grandes cavalos de corrida; as corridas de altas apostas tendem a ser um pouco mais longas, de pouco mais de dois quilômetros. Os cavalos que têm genes de velocistas e fundistas (heterozigotos) são os mais valiosos, porque são mais versáteis e mais aptos a correr distâncias intermediárias, como o Kentucky Derby.

Os velocistas nem sempre têm impulso ou compleição para perseverar em corridas mais longas; geralmente carecem dos atributos necessários para vencer corridas de grandes apostas. Ser vitorioso num desses certames de apostas compensa, porque esses cavalos, como Gun Runner, acabarão auferindo altos preços de reprodução. Todavia, o mercado tende a recompensar velocistas em vendas pré-corrida, porque chegar na frente em corridas de arrancada é uma primeira informação observável. Os investidores em criação de cavalos têm a oportunidade de ganhar retornos preliminares e reduzir o risco.

O gerente de cavalos puros-sangues de Claiborne Farm (a pessoa que decide que cavalos acasalar nas fazendas de criação), Bernie Sams, é criador de cavalos faz muito tempo. É um homem corpulento, com vasta cabeleira grisalha — exatamente o que se esperaria da aparência de um gerente de puros-sangues. Ele seleciona as éguas de Claiborne ou de outra fazenda que cruzarão com War Front. Sams recebe mais pedidos do que War Front seria capaz de atender. Ele escolhe as éguas que maximizarão as chances de gerar uma linhagem vitoriosa, o que mantém o preço de reprodução.

Com sua fala lenta e objetiva, Sams explicou que os cavalos que se dão bem nas vendas de potros precisam ser bonitos e ter pai famoso: "Todos querem um cavalo que consiga bons preços de venda, sejam rápidos e vençam o Kentucky Derby. Mas é difícil conseguir os três ao mesmo tempo".

Endocruzamento

Os criadores de cavalos têm um incentivo econômico de curto prazo para promoverem o endocruzamento de seus animais. Décadas atrás, um garanhão procurado cruzava com sessenta ou setenta éguas por ano, mas agora os mais famosos cruzarão com quase duzentas. Assim, os puros-sangues se tornaram cada vez mais consanguíneos, mesmo que essa consanguinidade seja ineficiente: os criadores gastam pequenas fortunas com preços de reprodução e têm poucas chances de produzir um cavalo que possa correr, quanto mais vencer.

Os cavalos puros-sangues são consanguíneos por definição: supõe-se que 95% dos puros-sangues modernos são oriundos de um único cavalo, o Darley Arabian, nascido em 1700. O dr. Mathew Binns, geneticista de equinos e sócio da Equine Analysis Systems, serviço de consultoria que avalia cavalos para investimento e reprodução, em bases científicas, estima que o endocruzamento aumentou entre cavalos puros-sangues nos últimos quarenta anos.[5] Esse aumento começou a tornar-se notório na década de 1990, poucos anos depois que a reforma tributária de 1986 aumentou os incentivos para a criação comercial (vender cavalos antes das corridas), prática que acabou se tornando o padrão setorial.*

---

* Até a década de 1960, quando a reprodução comercial tornou-se mais lucrativa, os criadores geralmente reproduziam para apurar a raça; conseguir um bom cavalo era o objetivo. De acordo com Frank Mitchell, jornalista e diretor de biomecânica na DataTrack International, a reprodução comercial realmente decolou nos anos 1980, quando a reforma tributária tornou a renda passiva menos lucrativa e reduziu os incentivos para assumir risco de longo prazo com cavalos. Desde então, a maioria dos criadores passou a vender seus cavalos muito antes de participarem de corridas, quando a linhagem é a única informação confiável.

DIVERSIFICAÇÃO: BUSCANDO EFICIÊNCIA EM TODOS OS LUGARES ERRADOS

Apesar do aumento do endocruzamento,* Binns diz que é importante ter alguma perspectiva: "O cavalo puro-sangue típico é ainda menos consanguíneo que o cão puro-sangue típico".[6]

Talvez o mais prolífico cavalo de corrida moderno tenha sido Northern Dancer, vencedor de Kentucky Derby e de Preakness Stakes. A carreira de reprodutor de Northern Dancer durou mais de vinte anos e abrangeu vários continentes, produzindo vasta progênie, que também teve cavalos de corrida excepcionais. No auge, em 1984, seis anos antes de sua morte, em 1990, seu preço de reprodução chegou a 500 mil dólares, mais de 1,2 milhão em dólares de 2018.[7]

Mas ele sobrevive. Hoje, quase todo puro-sangue remonta a Northern Dancer, não raro por parte de pai e por parte de mãe, várias vezes. De acordo com David Dink, escritor de Kentucky que passou a carreira estudando a linhagem de puros-sangues, Northern Dancer participou, entre duas a três vezes, da linhagem de 64% dos cavalos. E contribuiu, quatro vezes ou mais, na de 20% dos potros.[8]

A economia da reprodução criou incentivos para a paternidade de mais Hapsburgs** (embora belos) por duas razões. Primeiro, o pai de um potro determina em grande medida seu valor, e é muito pequeno o pool de garanhões cobiçados que atrairá grandes somas em leilões de potros. Também é limitada a quantidade de campeões reprodutores, e ainda menos numerosos são os cavalos de corrida com prole vencedora.

Segundo, o endocruzamento aumenta as chances de gerar um velocista, cavalo que também vende bem. Os velocistas são homozigotos: o cruzamento de dois velocistas gera um velocista. O tipo genético de Northern Dancer é desconhecido, mas Emmeline Hill suspeita que ele era heterozigoto (com genes de velocista e de fundista, pois venceu

---

* O endocruzamento foi acelerado ainda mais por melhores práticas veterinárias, permitindo que um único garanhão cruzasse com muito mais éguas do que era possível no passado; em consequência, menos garanhões aposentam-se a cada ano, continuando a servir a mais éguas, estreitando ainda mais o pool genético.

** Dinastia austríaca, notória pela consanguinidade, que resultou em traços faciais avantajados, morbidez e infertilidade.

corridas longas). Ela diz que há "alta probabilidade" de que tivesse pelo menos um gene de velocista, o qual, em égua híbrida, produzirá um velocista em 25% das vezes. Se a égua for velocista (com dois genes de velocista), é de 50% a chance de o potro também ser velocista. Se ambos os equinos forem velocistas, é certo que a prole será de velocistas. Assim, caso se continue a procriar cavalos com genes de velocistas — geração após geração —, aumenta-se o número de velocistas e as chances são de que a próxima geração também seja só de velocistas. Um artigo de 2012 da *Nature Communications* estima aumento significativo da quantidade de velocistas, por meio de reprodução mais seletiva, que pode remontar ao gene velocista de Northern Dancer.[9]

Grande parte do endocruzamento de cavalos ocorre entre primos de terceiro e quarto graus, e os cavalos voltam a procriar entre si muitas vezes. O endocruzamento entre primos uma ou duas vezes pode ser inofensivo ou até benéfico, mas o endocruzamento contínuo pode produzir efeitos nefastos. Depois de algum tempo, o endocruzamento torna-se de alto risco e de alta recompensa, ao duplicar as características do animal, o que pode ser positivo ou negativo. Os cavalos de endocruzamento tendem a ser bons velocistas, mas também não raro são estéreis. Binns observou ligeiro aumento de éguas estéreis com o aumento da consanguinidade. Ele me explicou que os ossos de cavalos consanguíneos podem ser menos densos, tornando-os mais propensos a lesões.

Depois que o mercado mudou, os cavalos também mudaram. O avanço da tecnologia e a melhoria das técnicas de treinamento produziram cavalos cada vez mais velozes, entre as décadas de 1930 e 1980; daí em diante, porém, o tempo das grandes corridas se horizontalizou e continuou no mesmo patamar até recentemente.*[10] Ed DeRosa, diretor de marketing da Brisnet, subsidiária do complexo de corridas Churchill

---

* Esses pesquisadores estudaram os tempos das corridas de cavalo britânicas de 1850 a 2012. Cavalos de dois anos, que participavam de corridas de velocidade, começaram a ficar mais rápidos em 1997. Mas o tempo das corridas para os cavalos mais velhos, que percorrem distâncias maiores, de alta visibilidade, como o Derby, não melhorou. Esse estudo se limitou a cavalos britânicos.

DIVERSIFICAÇÃO: BUSCANDO EFICIÊNCIA EM TODOS OS LUGARES ERRADOS

Downs, afirma que os dados deles mostram que os cavalos podem ter ficado ainda mais lentos nos últimos dez a quinze anos.

Várias ocorrências podem explicar a maior lentidão dos cavalos. À medida que os cavalos ficavam mais caros no circuito de vendas, a indústria estreitava o foco na segurança: as pistas de corridas longas são mais arenosas e secas, o que as deixa mais fofas e mais pesadas, retardando os cavalos. (DeRosa alega que seus dados controlam para as mudanças nas condições das pistas.) Os cavalos recebem mais hormônios e esteroides* do que nas décadas de 1980 e 1990. Cavalos que não ingerem drogas não podem ser treinados com a mesma intensidade. Gerações de endocruzamento também podem impor custos. O biólogo Mark Denny especula que mais consanguinidade pode implicar menos inovação genética,[11] que é como as espécies evoluem normalmente e produzem animais mais velozes.

Os benefícios da diversificação

Se o objetivo fosse, em vez disso, produzir um cavalo que ganha corridas, a estratégia de redução de riscos seria diferente. Os criadores obteriam retornos ainda mais altos com os preços de reprodução se diversificassem o pool de genes puros-sangues, cruzando as éguas com um dos muitos garanhões, não apenas entre os poucos selecionados. Raras são as evidências de que o acasalamento com um vencedor de corridas aumenta significativamente as chances de vencer nas pistas de corrida. Outro cavalo talvez produza resultados semelhantes, ou melhores, por menos dinheiro. Talvez até traga de volta alguma diversidade para o pool de genes e amplie as chances de produzir um cavalo híbrido (heterozigoto).

Também em finanças, elimina-se o risco desnecessário por meio da diversificação, incluindo na carteira ações de muitas empresas. Suponha que seja janeiro de 1993 e que você tenha 25 mil dólares para

---

* O uso de esteroide tornou-se ilegal, exceto em certas circunstâncias, há mais de cinco anos, e foi totalmente proscrito em competições internacionais.

investir pelo prazo de vinte anos. Você está interessado no exuberante setor de tecnologia e está em dúvida sobre comprar ações da Apple ou da Hewlett-Packard. Ambas parecem promissoras, e suas ações apresentaram desempenho similar no passado, com retorno médio de cerca de 11% ao ano. Àquela altura, investir em uma ou outra parecia oferecer perspectivas de risco semelhantes; as duas eram empresas estabelecidas, de alta tecnologia, em crescimento acelerado.

Se você tivesse investido o dinheiro em ações da Apple, vinte anos depois você teria mais de 1 milhão de dólares. Se tivesse comprado ações da Hewlett-Packard, com os mesmos 25 mil dólares, vinte anos depois você teria apenas 57 mil dólares. Cinquenta e sete mil dólares talvez não pareça tão ruim, mas, se tivesse aplicado o dinheiro em fundo de renda fixa de baixo risco em 1993, você teria quase 77 mil dólares em 2013, e não teria convivido com o estresse do sobe e desce das ações, para não falar nas imprevisíveis fusões e aquisições.

Em retrospectiva, a Apple foi aposta muito melhor. O problema é que, em 1993, era impossível saber disso. As perspectivas da Apple pareciam piores: Steve Jobs só voltaria para a empresa quatro anos depois, e o iPhone ainda nem cintilava em seus olhos. As ações da Apple desvalorizaram-se em mais de 75% depois de 1993, até decolarem.

Na época, sua melhor aposta teria sido investir metade do dinheiro na Apple e a outra metade na Hewlett-Packard. Nesse caso, vinte anos depois, você teria 604 mil dólares — muito menos do que se tivesse investido tudo na Apple, mas, considerando o que você sabia, à época, essa solução teria reduzido o risco e oferecido melhor perspectiva de retorno.

É possível reduzir ainda mais o risco, comprando ações de indústrias totalmente díspares. Um colapso em tecnologia não impactará tanto a indústria automobilística; portanto, incluir a General Motors na carteira significaria menos risco, caso ocorresse outro crash em ações de tecnologia.

No capítulo 5, analisei as duas principais espécies de risco — idiossincrático e sistemático. Diversificando o suficiente, com a compra de ações de centenas ou milhares de empresas, é possível eliminar todo o risco idiossincrático das ações de cada empresa — você nem perceberia o que acontecia com a Apple ou a Hewlett-Packard.

A diversificação é uma poderosa ferramenta de redução de riscos. Numa economia incerta, o trabalho autônomo, ou o chamado "bico", é uma forma de mitigar o risco idiossincrático do trabalho principal. Se você tiver problemas com o trabalho principal, como perda de emprego ou redução da oferta de serviço, um trabalho paralelo, como motorista de Uber ou Lyft, ou pequenos trabalhos de consultoria podem ser o seu esteio.

Você pode diversificar para eliminar o risco idiossincrático, mas ainda resta o risco sistemático, ou de mercado, isto é, as chances de que todo o mercado de ações colapse ou de que ocorra uma recessão que reduza a demanda não só para o seu trabalho em tempo integral, mas também para o paralelo.

Um autointitulado nerd começa uma revolução

Descobrir a melhor combinação de ativos, que entrega alta recompensa e baixo risco, é o Santo Graal dos gestores de carteiras, assim como descobrir os dois equinos que gerarão o próximo Secretariat é a fórmula mágica para os gestores de puros-sangues. Ambas as profissões dependiam de adivinhação e intuição, e alcançavam resultados medíocres. Até que, em finanças, a revolução digital e o avanço da matemática transformaram a gestão de carteiras, e a montagem do portfólio mais eficaz tornou-se mais científica e menos incerta.

Em 1952, um aluno de doutorado em economia, Harry Markowitz, começou a pesquisar o mercado de ações na Universidade de Chicago. Nativo da cidade, Markowitz fora uma criança tímida e estudiosa, que gostava de matemática, tocava violino e praticava esportes.

Na década de 1950, poucos economistas se interessavam pelo mercado de ações, que ainda tinha má reputação, mais de vinte anos depois da Grande Depressão. Quando Markowitz começou seu ph.D., apenas um em dezesseis adultos tinha ações — agora quase a metade tem[12] — e a gestão de investimentos era, em grande parte, mais arte que ciência. Consistia em escolher ações de poucas dúzias de empresas, que ofereciam o mais alto retorno possível para pessoas ricas, e pouco se pensava, explicitamente, em reduzir riscos. Para a maioria dos acadêmicos, o mercado de ações não parecia interessante nem justificava pesquisas.

À época, os acionistas assumiam que o valor da ação se baseava totalmente na expectativa de lucros futuros da empresa, o que chocou Markowitz, como uma suposição estranha. Se o lucro futuro fosse o único previsor de valor, todo mundo só escolheria uma ou duas ações, as que oferecessem melhor retorno esperado. Por que alguém se incomodaria em ter dúzias de ações, como a maioria dos investidores? Ocorreu, então, a Markowitz a ideia de que os investidores deveriam olhar também para o risco, assim como para o retorno.[13]

A intuição de Markowitz lançou os fundamentos das finanças modernas como disciplina de economia — o estudo do risco e como gerenciá-lo. Ele descobriu que, quando focamos somente nos retornos, quase sempre acabamos assumindo riscos desnecessários, ao tentarmos escolher somente ações vencedoras, o que é impossível. Se escolhermos ações que, isto sim, equilibrem umas às outras, reduzimos o risco e, em média, alcançamos o mesmo retorno, ou ainda mais alto.

Em todas as áreas da economia, os economistas supõem que vivemos em um mundo com recursos escassos. O planeta tem apenas certa quantidade de petróleo, ouro e minério de ferro. Questão central da economia é como usar esses recursos da melhor maneira possível, ou minimizar o desperdício.

Markowitz aplicou a mesma ideia aos mercados financeiros. Em finanças, risco é o input e a recompensa é o output. E assim como há uma maneira eficiente de usar a quantidade limitada de minério de ferro para fabricar tantos carros quanto possível, também há uma maneira eficiente de selecionar ações. Markowitz argumentou que a diversificação — ter ações de muitas empresas, com diferentes características de risco, capazes de contrabalançar umas às outras — era como os investidores podiam construir carteiras eficientes.

Markowitz deflagrou uma revolução no pensamento econômico, deslocando o foco do retorno para o risco. Suas ideias realmente decolaram na década de 1960, quando dados financeiros e poder de computação se tornaram mais disponíveis. Fundos mútuos, carteiras de diferentes ativos oferecidas aos investidores, existiam desde o século XVIII, mas

DIVERSIFICAÇÃO: BUSCANDO EFICIÊNCIA EM TODOS OS LUGARES ERRADOS

o mercado era pequeno* e a seleção de ações se baseava no julgamento humano, não na ciência. O acesso aos dados e à computação permitiu que pesquisadores e investidores medissem como os preços das ações se movimentaram no passado e quanto uma ação subiu e outra caiu. Os dados e as novas técnicas matemáticas possibilitaram a composição de carteiras de ações mais eficientes, que geravam maiores recompensas, com menos riscos. Em vez de ter ações de somente dez ou quinze empresas, os fundos mútuos modernos, compostos de ações de centenas ou milhares de empresas, tornaram-se mais populares. Algumas ações podem reduzir o risco da carteira mais do que outras; no entanto, desde que o preço da ação não se comporte exatamente como o preço do resto do portfólio, adicionar mais ações reduz o risco idiossincrático.

Cerca de uma década depois de Markowitz publicar pela primeira vez o seu trabalho sobre seleção de carteira, John Andrew "Mac" Mc-Quown, diretor de ciências de gestão no Wells Fargo, tomou conhecimento das ideias de Markowitz por meio de amigos da Universidade de Chicago, e apresentou a proposta de um fundo de índice — outro conceito revolucionário em finanças. Fundo de índice é uma carteira com ações de muitas, centenas ou milhares, empresas. O quanto se tem de ações de cada empresa se baseia em um critério definido, como o tamanho da empresa, por exemplo. Se o valor das ações da General Electric corresponde a 2% de todo o mercado acionário, 2% da sua carteira será de ações da General Electric. McQuown constituiu o primeiro fundo de índice e o vendeu a grandes investidores, como fundos de pensão, em 1971. Poucos anos depois, John Bogle lançou a Vanguard, e vendeu esses fundos a investidores comuns.

Como nos fundos de índice não há molhos condimentados nem gênios onipotentes, capazes de identificar as ações que oferecerão melhor retorno, seus gestores cobram taxas mais baixas. A criação do fundo de índice significava que todos os investidores poderiam investir facilmente em ações de milhares de empresas de todo o mundo, e aproveitar os benefícios da diversificação, por baixo custo e quase sem esforço.

---

* Com a notável exceção de trustes de investimentos na década de 1920, mas a popularidade deles desvaneceu depois da quebra do mercado de ações.

As empresas de investimentos estavam céticas em relação aos fundos de índice — afinal, elas fizeram dinheiro afirmando que eram capazes de selecionar as ações certas a serem compradas, embora poucas sejam as evidências que comprovam essa afirmação. Sucessivos estudos mostram que os fundos mútuos de gestão ativa, aqueles cuja carteira é composta de ações selecionadas por profissionais, em vez de seguirem a composição dos índices, não oferecem retornos mais altos do que os fundos de índice, depois de ajustados pelo risco e pelas taxas.[14]

Todavia, a ideia de que as pessoas poderiam escolher a próxima Apple continua tentadora. A diversificação pode oferecer os mesmos ganhos esperados, por menos risco, mas você ainda renuncia aos "ginormes", ou *gigantescos* e *enormes*, riscos, associados à tentativa de precognição do novo Google ou da nova Amazon. Reflita sobre a citação atribuída a Warren Buffett, investidor superastro, encontrada em dezenas de sites de finanças que oferecem dicas sobre como superar o mercado: "Diversificação é a proteção contra a ignorância. Ela não faz muito sentido se você souber o que está fazendo".

Se tivesse investido 25 mil dólares em ações da Apple em 1993, você teria alcançado 1 milhão de dólares vinte anos depois; o mesmo investimento de 25 mil dólares no s&p500 (índice das quinhentas ações mais valiosas dos Estados Unidos) estaria valendo apenas 80 mil dólares em 2013. É fácil raciocinar que, naquele dia, você teria escolhido de novo a Apple, e que, se o fizesse, você o repetiria sucessivamente; o fato, porém, é que não é fácil sempre escolher vencedores — por isso é que Warren Buffett é um campeão tremendamente rico.

A diversificação também pode reduzir o risco numa economia movida a tecnologia, mesmo fora de finanças — em nosso trabalho, com nossos amigos, na vida amorosa. Ter mais amigos aumenta as chances de algum deles estar disponível num momento de necessidade. Namorar mais o ajuda a compreender do que você precisa num relacionamento e o dissuade de investir demais em alguém que você ainda não conhece bem. É claro que, assim, você também renuncia ao extremo positivo: os relacionamentos se formam mais devagar ou nos sentimos oprimidos com tantas escolhas. No entanto, até acharmos a pessoa com quem queremos ter uma chance, a diversificação ajuda a mitigar o risco de escolhermos mal.

Resposta dos criadores de cavalos a Harry Markowitz?

O avanço da tecnologia produz melhores dados, que geralmente resultam em mais diversificação e menos risco. Essas transformações deflagraram uma revolução em finanças, tornando os fundos de índice e os fundos mútuos as preferências das famílias para investir no mercado de ações. E, agora, diferentes aplicativos de compartilhamento de carona e de tarefas usam dados e algoritmos para conseguirmos trabalho autônomo para diversificar a renda. A mesma tecnologia está diversificando até a nossa vida amorosa (pense no Tinder). A criação de cavalos pode ser a próxima transformação.

A criação de cavalos também ganharia com mais diversificação. O endocruzamento é dispendioso como meio de obter resultados de alto risco e de alta recompensa, mas os dados e a tecnologia poderiam incentivar os criadores a reunir equinos com características complementares, em vez de apostar em poucos grandes vencedores potenciais. Essa mudança contribuiria para mais diversidade na procriação, da mesma maneira como agiram os fundos mútuos nos mercados financeiros.

Os incentivos são diferentes, a depender de suas intenções de vender ou de competir com o cavalo. Se os criadores competirem com os próprios cavalos, em vez de vendê-los, poderão reunir duas diferentes éguas e garanhões para cruzamento. "Vender bem" requer pedigree certo e atributos de velocista, o que, por seu turno, estimula o endocruzamento. Maximizar as chances de produzir "um bom cavalo", porém, é mais complicado.

Idealmente, os criadores combinariam as características do macho e da fêmea, compensando as deficiências de cada um — más ancas seriam acasaladas com boas ancas, joelhos fortes com joelhos fracos, e assim por diante, reforçando as competências. De acordo com o dr. David Lambert, veterinário e presidente da Equine Analysis Systems, um campeão de corridas, como Gun Runner,[15] é até certo ponto uma anomalia genética. Em grande medida, suas qualidades inusitadas são difíceis de reproduzir e, se não se alinharem, gerarão um cavalo lento.

Por exemplo, os vencedores geralmente têm coração grande. O coração de um cavalo normal pesa somente de 3,6 a 4,1 quilos; o de Secretariat tinha 9,5 quilos. Essa capacidade cardiovascular extraordinária é fundamental, mas nem sempre se converte em maior velocidade, a não ser que se conjugue com outros atributos do cavalo. Lambert diz que é como pôr o motor de um Ferrari em um Subaru. É melhor acasalar um cavalo extraordinário com um cavalo ordinário, argumenta ele, ou acasalar dois cavalos com atributos ligeiramente acima da média. Essa recomendação vai contra a sabedoria convencional de acasalar dois espécimes do mais alto desempenho, o que pode produzir potros com muitos atributos excêntricos, que nem sempre são compatíveis.

O endocruzamento é um pouco como investir na única ação que você supõe que venha a ser a próxima Apple. É como a chance remota de que um raio caia em determinado local, e as recompensas dessa escolha de ação tão improvável seriam enormes. É muito mais provável, todavia, que o raio atinja vários outros pontos, assim como que você reduza a incerteza e aumente a rentabilidade da carteira. A diversificação aumenta as chances de produzir um bom cavalo, que fará dinheiro nas corridas, por um preço de reprodução mais baixo.

Mas não é assim que se faz o cruzamento — por enquanto.

Os geneticistas e os cientistas de dados esperam mudar a indústria, fornecendo mais informações sobre cavalos, como genes de velocidade ou tamanho do coração, da mesma maneira como dados e computação mudaram a gestão de carteiras de investimentos. Em consequência, os compradores compreenderão melhor o potencial do animal em corridas, nos leilões de potros, o que pode impulsionar as vendas em função da qualidade do cavalo, não da identidade do pai. A informação tem o potencial de alinhar os incentivos dos criadores e dos proprietários, e "cavalo bom" será a mesma coisa que "cavalo que vende bem".

E os dados também são úteis para criar "cavalo bom", indicando o melhor par para uma égua. Os criadores de cavalos, da mesma maneira como os gestores de carteiras de investimentos, querem contrabalançar características diferentes, para reduzir o risco de que um cavalo não seja capaz de correr. Se o objetivo foi produzir o melhor corredor, há menos incentivos para pagar 100 mil dólares pelo esperma de um garanhão só porque ele venceu corridas e sua progênie é de velocistas. Em vez disso, os preços de reprodução seriam determinados pela combinação exata das características certas, aumentando a diversidade e

DIVERSIFICAÇÃO: BUSCANDO EFICIÊNCIA EM TODOS OS LUGARES ERRADOS

a probabilidade de conseguir um ótimo corredor. Nesse caso, maior população de cavalos poderia procriar; o pool mais amplo de garanhões também reduziria os preços de reprodução e geraria mais "cavalos bons" — o melhor dos dois mundos.

Byron Rogers, cientista de dados e agente de puros-sangues da Performance Genetics, explicou como escolhas de reprodução mais inteligentes[16] reduzem o risco, ao diminuir o número de cavalos incapazes de correr. Emmeline Hill diz que a genética tem o potencial[17] de estreitar a distribuição dos resultados na hora da reprodução. A genética não garante que você produzirá um vencedor do Kentucky Derby, mas aumenta o número de cavalos de seu haras que fará carreiras de corredores respeitáveis, por menor preço de reprodução.*

A ciência continua controversa. Ninguém acredita que algum dia será possível engendrar um cavalo geneticamente perfeito, capaz de vencer grandes corridas, por ser imprevisível a maneira como atuam os traços genéticos. Usar a ciência para produzir um vencedor do Kentucky Derby é ainda mais elusivo do que compor uma carteira de ações de empresas promissoras, como a Apple. No entanto, a maior diversificação genética tem o potencial de mudar a economia da criação de cavalos. Quem sabe? Talvez até acene com um novo recorde mundial no Kentucky Derby.

A criação de cavalos sempre será arriscada, envolvendo até maiores riscos do que investir no mercado de ações. Usar dados para alcançar a diversificação genética ótima pode reduzir o risco idiossincrático de perpetuar atributos genéticos exóticos ou de gastar fortunas para gerar um cavalo que nunca ganhará uma corrida. Ainda resta, porém, o risco sistemático, porque a indústria é muito dependente de poucos investidores ricos. Da mesma maneira como a diversificação não pode reduzir o risco de quebra de todo o mercado de ações, tampouco é capaz de tornar o setor de criação de cavalos menos sensível a uma economia ineficiente, em que os especuladores de cavalos têm menos dinheiro para jogar. Gerenciar o risco sistemático exigirá outros tipos de gestão de riscos, como explicamos nos próximos dois capítulos.

---

* Mesmo que seja um mercado ineficiente, investir em cavalos de corrida ainda é muito arriscado; é melhor ficar com os fundos de índice.

REGRA 4
SEJA O SENHOR DO SEU DOMÍNIO

Enfrentamos riscos sempre que tomamos uma decisão sobre o futuro e nos sujeitamos ao que pode acontecer, para o bem ou para o mal. Mas nosso processo decisório não termina aqui; exercemos algum controle sobre como o risco se manifesta.

A gestão de riscos é a ferramenta para acumular as chances em nosso favor. No capítulo 4, o risco foi representado por uma figura das ocorrências possíveis e das respectivas probabilidades, ou uma distribuição de probabilidades. As figuras representaram perfis de risco de diferentes tipos de filmes. Em cada figura, o eixo de X, ou o domínio, representava todos os cenários de lucro possíveis. Quanto mais ampla a distribuição, maior o risco. A gestão de riscos cuida do seu domínio, de modo que você possa alterar a forma da figura.

Essa alteração é factível de duas maneiras. O capítulo 9 descreve a primeira maneira: *hedge*. Quando fazemos hedge, renunciamos a parte de nossos ganhos potenciais em troca da redução das chances de perda; em termos estatísticos, o hedge corta as caudas superior e inferior do risco.

O segundo método, explicado no capítulo 10, é seguro. Ao fazer seguro, pagamos a alguém uma importância fixa para assumir nosso risco negativo, e ainda mantemos o risco positivo. Com o hedge, renunciamos a parte do risco positivo em troca de nos livrarmos do risco negativo. Com o seguro, nos livramos do risco negativo, mas o risco positivo, ou cauda superior, ainda é todo seu (menos o custo do seguro). Evidentemente, a oportunidade de livrar-se do risco negativo e de ficar com o potencial ilimitado do risco positivo às vezes custa muito caro.

Cada um desses métodos de redução de riscos pode ser revertido: em vez de serem usados para reduzir o risco, podem ser usados para aumentar o risco, e, com isso, nosso potencial de recompensas. Essa possibilidade é sempre tentadora. O capítulo 11 analisa como encontrar o equilíbrio certo.

9
Redução de riscos:
a arte do hedge

Não basta ser ousado para chegar a algum lugar.
Ao assumir riscos, é preciso proteger-se do revés.

Richard Branson

PENSE NA HISTÓRIA MAIS RECENTE que você ouviu sobre uma pessoa de negócios vitoriosa, que assumiu um risco enorme, e, embora não o tenha gerenciado, avançou de qualquer maneira. Depois de algumas situações tensas e perdas iminentes, o risco compensou e o líder destemido se tornou incrivelmente rico. Entretanto, esteja você ainda festejando suas vitórias ou, porque o jogo não deu certo, já não esteja ouvindo o nome dela, tudo é mero acaso ou pura sorte.

Outra história com que efetivamente podemos aprender é a de um empresário que sabe *hedgear* o risco. Hedge consiste em reduzir o risco, renunciando a grandes ganhos para evitar grandes perdas. O que exige habilidade é saber exatamente como promover o equilíbrio certo entre risco e recompensa, ou definir com precisão quanto risco assumir. E, quando alguém nasce na pobreza, hedgear o risco, sem mirar na lua, é o que realmente importa para contrabalançar o risco e conseguir o melhor possível.

Arnold Donald, CEO da Carnival, a maior empresa de cruzeiros do mundo, tem uma dessas histórias. Em seu escritório em Doral, Flórida, ele se sentou à minha frente, diante de uma mesa enorme, entre paredes revestidas de imagens dele e de vários líderes mundiais. É um homem ilustre, em seus sessenta anos, aspecto majestoso, mas seus olhos brilham como os de um garoto de oito anos ao falar sobre jogos. "Joguei muito Monopoly, o jogo de tabuleiro. Honestamente, nunca perdi", diz, orgulhoso. "Sou cruel, sabe. Agora, já não jogo o tempo todo. [Meu irmão] era uns oito anos mais velho, e eu ainda vibrava, aos gritos, com ele."

Donald passou grande parte da vida vencendo ao superar grandes adversidades em um mundo que parecia jogar contra ele. É um dos poucos negros americanos CEOs de grande empresa, e cresceu em pobreza extrema, na Ninth Ward de New Orleans, em condições de segregação. Nem a pobreza nem o racismo, porém, detiveram Donald. Ele diz que o segredo é maximizar a probabilidade de alcançar os seus objetivos, e aperfeiçoou essa estratégia ao crescer como o caçula de uma família de cinco.

Donald aprendeu os perigos de aumentar a alavancagem e de assumir riscos demais desde muito cedo. Ele tomava dinheiro emprestado do pai, comprava balas no atacado e as revendia às irmãs, com enorme sobrepreço; pagava, então, o empréstimo ao pai e embolsava o lucro. Deu certo até as irmãs descobrirem o tesouro e tomarem seu estoque. Foi uma lição importante para o jovem Donald. Até hoje, ele geralmente não assume riscos quando pode perder muito.

Na escola, destacou-se como excepcional. Foi para a St. Augustine High School, estabelecimento católico só para homens negros, onde os alunos recebiam educação de alta qualidade e desenvolviam ambições que lhes eram instiladas, imbuídos das mais altas expectativas. Três vezes por dia, o sistema de comunicação interno os exaltava: "Cavalheiros, preparem-se, porque um dia vocês dirigirão o mundo".

Donald impregnou-se da convicção de que tudo é possível. As melhores faculdades o disputavam — assim como a muitos de seus colegas — e tentavam recrutá-lo.

O jovem Donald via o mundo sem limites, mas fazer as escolhas mais arriscadas não fazia parte de sua estratégia de sucesso. Ele geralmente modera suas ambições e aceita um pouco menos para maximizar a probabilidade de sucesso. Veja a grande ambição dele, quando criança: ele sonhava em ser um empresário, especificamente, ser "o gerente geral de uma empresa global da área de ciências, da *Fortune* 50".

REDUÇÃO DE RISCOS: A ARTE DO HEDGE

Com o mundo à sua frente, essa até parece uma ambição relativamente modesta. Os alunos de ensino médio, em sua maioria, sonham em ser atletas profissionais, empreendedores de sucesso, ou CEOs. Mas, na década de 1960, conseguir um emprego estável numa grande empresa e escalar a hierarquia era o caminho mais provável para a vitória. Era também um propósito muito distante da Ninth Ward. Donald talvez tenha tido a percepção de oportunidades ilimitadas, mas assumir um grande risco e fracassar não era opção para ele:

Não tenho certeza se eu era avesso ao risco. Eu diria que tinha inclinação para estatística. Minha filosofia de vida... não sei onde a assimilei. Parte vem do jogo Monopoly. Mas meu princípio na vida era maximizar a probabilidade de sucesso. E sempre que eu imaginava alguma coisa, eu pensava: "Como gerenciar essa situação para aumentar as chances de vitória?".

Quando entrou na faculdade, mais uma vez ele fez hedge. Depois de visitar Carleton College, Donald percebeu que queria frequentar uma pequena escola de ciências humanas. O entusiasmo dele por Carleton provavelmente aumentou ainda mais ao conhecer sua futura esposa, durante uma visita ao campus. Donald sabia que precisava estudar economia e engenharia, duas graduações separadas, para maximizar as chances de realizar seus objetivos de carreira. Carleton não oferecia essa opção.

Assim, chegou a um acordo com a Universidade Stanford, que também lhe havia oferecido bolsa de estudos integral. Stanford manteve em aberto a bolsa de estudos enquanto ele estudava economia em Carleton durante três anos. Em seguida, transferiu-se de Carleton para Stanford, e concluiu o curso de engenharia em dois anos. Foi como conseguiu o melhor de dois mundos: a experiência em ciências humanas que ele almejava e a graduação em engenharia em Stanford.

No segundo ano em Carleton, Donald se casou com a namorada da faculdade, que também conseguiu vaga na escola de engenharia de Stanford, mas sem bolsa de estudos. Em vez de assumir o risco financeiro dos empréstimos estudantis, o casal foi para a Universidade Washington, em St. Louis, onde ambos tinham bolsa de estudos.

Depois de se formarem, ele conseguiu um emprego na Monsanto, a hoje notória empresa de tecnologia agrícola com sede em St. Louis. Donald, um autodenominado "pavio curto" sem papas na língua na juventude, fez tudo o que pôde para alcançar o sucesso no mundo empresarial. Aconselhado por um dos colegas, livrou-se do sotaque da Louisiana e das costeletas fartas para abraçar integralmente a vida de um executivo de empresa do Centro-Oeste dos Estados Unidos.[1]

Nessas condições, rapidamente galgou a hierarquia organizacional, tornando-se gerente geral aos 32 anos e prosseguindo em ascensão, não só cuidando dos negócios, mas também se interessando por ciências agrárias. Philip Needleman, ex-colega de Donald, que era então chefe de pesquisa e desenvolvimento da Monsanto, disse que naquela época essa era uma combinação rara. "Ele era o único afro-americano em função de alta administração na Monsanto. O desempenho dele era pragmático e obstinado, medido pelos resultados trimestrais e pelo nível das vendas."[2]

Donald exerceu várias funções de liderança antes de tornar-se presidente do Setor de Consumo e Nutrição da Monsanto. Até que, no ano 2000, depois de 23 anos de carreira na empresa, assumiu um risco atípico, sem hedge, e partiu para um empreendimento independente, por sua conta e risco, longe da segurança de uma empresa estabelecida em que havia crescido. Com um grupo de investidores, conseguiu a cisão do negócio de adoçantes artificiais da Monsanto, ou "edulcorantes de baixa caloria e alta intensidade", como ele chama o produto, e constituiu uma nova empresa, denominada Merisant, da qual era CEO. O negócio de adoçantes artificiais, porém, é inconstante e imprevisível. A Merisant enfrentou dificuldades quando o mercado migrou do produto dela, Equal, para uma alternativa, Splenda. Donald afastou-se como CEO, depois de três anos, recebeu um bom pacote rescisório, e continuou como chairman até 2005.[3] A Merisant entrou com pedido de falência em 2009.

Ao sair da Merisant, Donald já havia acumulado dinheiro suficiente para mudar o estilo de vida e aposentar-se ainda jovem, aos 51 anos, já tendo atingido seus objetivos. À época, ocupava seu tempo atuando no conselho de administração de várias empresas e assumindo pequenos riscos, enquanto fazia cruzeiros vida afora.

REDUÇÃO DE RISCOS: A ARTE DO HEDGE

A aposentadoria durou oito anos, até que recebeu um telefonema da Carnival Corporation. A Carnival era uma empresa familiar; Micky Arison, o então CEO, era filho do fundador. Ao procurarem Donald, a Carnival acabara de se defrontar com uma série de retrocessos. Em 2012, o *Costa Concordia* (um navio da Carnival) naufragou na costa da Itália; 32 passageiros e tripulantes morreram, e o capitão abandonou o navio.

Um ano depois, o motor do *Carnival Triumph* pegou fogo, e o navio ficou sem energia, à deriva, em alto-mar. O apagão comprometeu as condições sanitárias da embarcação durante os quatro longos dias em que o navio foi rebocado para um porto; a viagem foi apelidada de "cruzeiro de cocô". A CNN mostrou a lenta operação de reboque em tempo real e escancarou histórias de horror dos viajantes, às voltas com esgoto bruto.

Esses percalços seriam desastrosos para qualquer empresa, mas foram golpes ainda mais catastróficos para a imagem da indústria de cruzeiros. Ao fazer reserva em um cruzeiro de qualquer empresa, você renuncia ao aceno de aventura e de imersão ímpares em troca de uma excursão livre de risco. Por certo, os cruzeiros podem parecer menos vibrantes e introspectivos do que escalar os Andes ou acampar numa praia em Bali, mas oferecem, em contrapartida, quase a certeza de segurança e tranquilidade, ou, pelo menos, constância e suavidade. Nos cruzeiros, os hotéis nunca estão lotados, a comida é previsível e farta, os carros de aluguel não quebram, e as atividades são todas programadas.

No entanto, se as coisas não derem certo, elas realmente dão errado. O risco de cauda é ficar ao léu num navio transbordante de dejetos, num mar cheio de esgoto flutuante. Se o risco de cauda não parece mais ser improvável, o fator mais persuasivo do cruzeiro perde o brilho.

Donald talvez não tenha parecido o encaixe natural. Participara do conselho da Carnival por mais de doze anos, mas sua carreira como executivo de empresa de produtos agrícolas não parecia prestar-se a negócios com cruzeiros marítimos. Os colegas da Monsanto ficaram surpresos[4] quando souberam que Donald estava na Carnival. "Ele é um cara muito ambicioso, mas o que sabe sobre dirigir navios de cruzeiros?"

O trabalho parecia ser o maior risco que Donald já assumira. Contudo, sua estratégia profissional e pessoal — maximizar as chances de

133

VIVER COM RISCO

conseguir o que quer, promovendo o equilíbrio certo entre risco e re-compensa — era exatamente a de que a indústria de cruzeiros precisava. Como ele me disse, "você sabe que há riscos; então, tenta maximizar a probabilidade de sucesso. E não é que você não sinta que há riscos. Você simplesmente acha que pode gerenciar os riscos. E essa é a diferença".

Antecipar os riscos do que pode dar errado é uma competência que Donald desenvolveu ao longo dos anos. Somente prever os riscos, po-rém, não é suficiente: ele também age para certificar-se de que, se algo der errado, os danos serão os menores possíveis. Às vezes ele faz seguro dos riscos previstos, e, com mais frequência, faz hedge, assumindo me-nos riscos, para começar.

Hedge

Fazemos "hedge" sempre que reduzimos o risco; por exemplo, quando "hedgeamos nossas apostas", quando mantemos abertas nossas opções. Em finanças, hedge tem um significado mais exato: mitigar riscos, ou assumir menos risco. Envolve renunciar a parte dos ganhos potenciais em troca de reduzir as chances de as coisas darem errado. No todo, a redução de riscos aumenta as chances de você conseguir o que quer, mas é preciso abrir mão da possibilidade de conseguir mais.

Suponha que duas coisas na vida o deixem feliz: dinheiro e futebol. Se o seu time estiver participando de um grande jogo, um hedge seria apostar cem dólares contra o seu time, com chances de 3-1 de que ele perca. Se o seu time perder, você sentirá a ferroada da perda, mas, pelo menos, receberá trezentos dólares, o que é algum consolo. Se o seu time ganhar, você experimentará a vibração da vitória, mas o prazer é um pouco menos intenso, porque você perderá cem dólares.

Hedge é uma das mais antigas e simples estratégias financeiras, mas, em geral, é negligenciado ou confundido com diversificação. A diver-sificação elimina o risco desnecessário, mediante a posse de frações de muitos ativos diferentes; pode ser compartilhando o risco com outros fotógrafos de celebridades ou adquirindo cotas de fundos de índice que contenham ações de muitas empresas em sua carteira de investimentos.

REDUÇÃO DE RISCOS: A ARTE DO HEDGE

Seu retorno esperado é o mesmo, mas o risco é reduzido, porque, não importa o que aconteça, as chances são de que algo que você possui gere algum retorno. A diversificação pode eliminar o risco idiossincrático, mas não o ajuda com o risco sistemático, como o de todo o mercado quebrar na véspera da sua aposentadoria. A diversificação o ajuda a criar a opção menos arriscada, mas você ainda precisa gerenciar o risco remanescente.

Fazer hedge consiste em determinar quanto dessa opção arriscada você quer ou precisa manter para alcançar o seu objetivo. E, ao contrário da diversificação, envolve custo. Você deve renunciar a parte dos ganhos potenciais, porque está assumindo menos risco ao custo de menos recompensa.

O hedge é mais exato, porque exige mais planejamento e a definição de um objetivo claro. Você precisa refletir sobre o seu objetivo, seja ele mais riqueza, uma carreira de executivo importante e poderoso, ou vibrar com seu time de futebol; e fazer alguma coisa que reduza o risco de não alcançar o seu objetivo. O hedge não diferencia entre risco sistemático e risco idiossincrático, mas pode reduzir ambos os tipos.

Você se lembra de Santiago Baez, o paparazzo do capítulo 5? Ele enfrentava alta dose de risco sistemático e idiossincrático fotografando celebridades em situações inesperadas, uma vez que o setor estava mudando e as chances de captar famosos no momento certo eram sempre baixas. Baez amava o trabalho, e, nos melhores dias, faturava uma boa grana. Ele reduzia o risco idiossincrático, formando parcerias com outros fotógrafos, mas não conseguia eliminar grande parte do risco, porque o mercado era muito instável. Ele enfrentava mais risco sistemático, vivia mais dias em que ganhava pouco. Isso o obrigou a deixar o trabalho. Como alternativa, se quisesse fazer hedge, poderia ter deixado as ruas em alguns dias para trabalhar como fotógrafo de casamentos. Ele teria renunciado à adrenalina e ao potencial de altos retornos, se tivesse surgido a chance de tirar aquela foto sensacional da celebridade no momento crítico logo no dia em que estivesse ausente, mas teria conseguido outra fonte de renda, não importa o que acontecesse no mundo das celebridades. A nova atividade também seria uma fonte de renda mais estável; o mercado de fotógrafos de famosos pode mudar, mas as pessoas sempre querem fotos de casamentos.

Ou suponha que você resolva tornar-se influenciador de mídias digitais. Você acha que pode ganhar dinheiro e preencher um vazio na alma, se conseguir muitos seguidores, curtidas e retuítes. Quanto mais ativo você for, maior será a probabilidade de disparar aquele comentário sucinto e certeiro, levando uma celebridade a retuitar você e conquistando fama e fortuna (ou apenas um breve sopro de satisfação). Os tuítes frequentes, porém, aumentam o risco de dizer alguma coisa errada ou até ofensiva, que poderia impactar negativamente a sua carreira. É possível hedgear esse risco. tuitando apenas algumas vezes por dia e emitindo apenas comentários moderados e prudentes. Nesse caso, você renuncia à vantagem da fama na internet, mas reduz o risco de tornar-se um pária social.

Investir mais em ativo livre de risco

A maneira mais simples de fazer hedge é, basicamente, assumindo menos riscos. Pense que seu objetivo seja ter 12 mil dólares em cinco anos para pagar o primeiro ano de faculdade do filho, e que você tenha hoje 12 mil dólares. Você espera tornar ainda mais especial esse primeiro ano e gastar mais 3 mil dólares para que ele fique em um alojamento mais confortável. O seu consultor financeiro lhe diz que uma carteira de ações bem diversificada deve render 8% ao ano. Isso significa que, em média, você pode esperar cerca de 17,6 mil dólares em cinco anos, o dinheiro necessário para pagar a anuidade escolar e boas acomodações, além de um bônus extra. Só que o mercado acionário é arriscado. Nada garante essa expectativa de retorno de 8% ao ano e nada impede eventuais prejuízos. Digamos que o mercado de ações caia 40% no primeiro ano. Mesmo que o mercado de fato renda 8% em cada um dos quatro anos seguintes, você terá, ao fim do quinto ano, somente cerca de 9,8 mil dólares.

Para se proteger contra esse risco, seu consultor sugere uma estratégia de hedge: investir 6 mil dólares do seu dinheiro em títulos de crédito. Eles oferecem retorno de apenas 3% ao ano. Nesse caso, o retorno esperado total da sua carteira de investimentos será de 5,5%

REDUÇÃO DE RISCOS: A ARTE DO HEDGE

ao ano, menos que 8%, mas as chances são de que você tenha cerca de 15 mil dólares em cinco anos. Se o mercado de ações cair no primeiro ano e depois se recuperar, você acabará com cerca de 12 mil dólares em cinco anos. Por meio da compra de títulos de crédito, o hedge atenua parte do risco de perder dinheiro, em troca de renunciar à possibilidade daqueles 2,6 mil dólares extras.

Muitos colunistas de finanças pessoais lhe dirão para investir sua poupança da aposentadoria em um fundo de investimentos em ações, ou seja, uma carteira de ações, em vez de em uma única ação. É um bom conselho, mas não é uma estratégia completa de investimentos para a aposentadoria, uma vez que os fundos de investimentos em ações só oferecem diversificação. Uma estratégia de risco mais completa faz hedge também do risco remanescente. O hedge para a aposentadoria exige que você compreenda e defina o seu objetivo: renda estável, montante em dinheiro, ou uma combinação dos dois. É possível hedgear o risco das ações, investindo parte da poupança da aposentadoria em um fundo de investimentos em ações e outra parte em um ativo livre de risco adequado, como títulos públicos e privados de curto e longo prazos.

O efeito será simplesmente assumir menos riscos, renunciando a parte do potencial de bons retornos em troca de redução do risco de perda. Essa estratégia pode ser usada não só em finanças, mas também em outros contextos. É como Donald aborda o risco. Ele formula um objetivo e maximiza as chances de realizá-lo, assumindo apenas o grau de risco suficiente para alcançar a meta. Ele se dispõe a renunciar a parte do ganho para proteger-se do pior cenário. Donald usou essa estratégia ao escolher sua área de concentração na faculdade e sua carreira profissional, e a usou de novo ao dirigir a Carnival.

Hedge é uma estratégia de negócios comum. As companhias aéreas frequentemente fazem hedge do risco de alta dos preços do petróleo ao fazer contratos em que, não importa o que aconteça com os preços do petróleo no futuro, elas sempre paguem o mesmo preço pelo combustível.* Ainda que os preços do petróleo caiam no mercado, a companhia

---

* A contraparte assume o risco do preço do petróleo.

aérea continua a pagar o mesmo preço constante do contrato. No entanto, se os preços subirem no mercado, a companhia aérea paga menos que o preço de mercado. Essa certeza permite que as companhias aéreas tomem decisões e façam planos de longo prazo. Ao fazerem hedge, as companhias aéreas renunciam à chance de auferir lucros adicionais, com o petróleo mais barato, em troca de eliminar o risco de alta nos preços do petróleo.

FINANÇAS MODERNAS

Outro especialista em hedgear risco foi David Bowie, que, além de músico brilhante, foi estrategista de risco extremamente bem-dotado.

Os músicos geralmente fazem contratos com selos de gravadoras no começo da carreira. O selo quase sempre oferece ao artista um pagamento vultoso (isto é, grande para um jovem músico, lutando para vencer na carreira, pobre e ansioso por ser descoberto); em troca, o selo retém boa parte dos direitos autorais gerados pelo trabalho do artista.

É um negócio horrível se o músico ficar famoso. Além de má gestão do dinheiro, é, acima de tudo, o que leva muitos músicos famosos a alegarem pobreza e se declararem insolventes, mas também pode ser, efetivamente, uma troca de riscos justa. Se a carreira do artista nunca decolar, ele ou ela ainda recebem o dinheiro e o selo fica com os direitos autorais, que não valem muito. A maioria dos músicos não alcança o sucesso, e jamais recebe mais do que o adiantamento.

Na adolescência, David Bowie era astuto e confiante; ele e o empresário achavam que David seria um dos poucos vitoriosos e famosos. Ao fechar o negócio, ele insistiu em manter a propriedade de suas músicas e recebeu um adiantamento pequeno como parte do contrato. As pessoas que o contrataram achavam que estavam fazendo um ótimo negócio. As chances de que a música daquele adolescente magricela não viesse a se valorizar muito no futuro eram altas. Bowie, por sua vez, assumiu um risco em relação a si mesmo, que se revelou compensador.

Cerca de trinta anos depois, Bowie enfrentou um problema diferente. Ele tinha uns cinquenta anos, e o futuro da música parecia

REDUÇÃO DE RISCOS: A ARTE DO HEDGE

incerto. Havia pouco o Napster iniciara o compartilhamento de arquivos, possibilitando que as músicas fossem compartilhadas e ouvidas sem qualquer pagamento. Já não se sabia ao certo quanto valeriam os direitos autorais de músicas. Bowie pensou em fazer o reverso da aposta de anos atrás, e vender seus direitos autorais. Eis o que ele disse em 2002:

Nos próximos dez anos, assistiremos à transformação absoluta[5] de tudo o que pensávamos sobre música, e nada a impedirá. Para mim, não faz nenhum sentido fazer de conta que não está acontecendo. Estou absolutamente confiante de que direitos autorais, por exemplo, não mais existirão daqui a dez anos, e, portanto, autoria e propriedade intelectual serão vítimas do massacre.

Bowie, porém, ainda relutava em vender suas canções, que ele considerava seus "bebês". Enquanto isso, seu empresário estava trabalhando com David Pullman, banqueiro de fala acelerada, formado em Wharton, que tinha uma ideia melhor. Ele não conhecia ativo algum cujo risco não pudesse ser atenuado ou eliminado.

Pullman entrou em finanças nos primeiros dias dos contratos garantidos por hipoteca, ou derivativos hipotecários. Esses papéis ficaram mal-afamados durante a crise financeira de 2008, porque se usava a tecnologia para fazer apostas arriscadas e mal orientadas, que confiavam em compradores de casa própria sem condições de pagar a hipoteca. A ideia básica, no entanto, é muito simples e inteligente. Ao conceder um empréstimo hipotecário, o banco se torna credor de um fluxo de renda durante muitos anos — o pagamento das prestações. Esse dinheiro é ilíquido; ou seja, não está disponível até o pagamento. Se o banco quiser receber o dinheiro antes do pagamento ou descartar o risco de a hipoteca não ser paga, é possível vender a hipoteca como título de crédito. O investidor paga uma grande parte do dinheiro ao banco e, em troca, recebe um fluxo regular de pagamentos, garantido pela hipoteca. O derivativo hipotecário é a securitização, ou conversão em títulos, de um pacote de muitas dessas hipotecas, com base na ideia de que a diversificação dos devedores hipotecários reduz o risco de

139

alguns tornarem-se inadimplentes, ou anteciparem a amortização da hipoteca.* Pullman imaginou que podia fazer algo semelhante com a renda das músicas de Bowie.

O momento não poderia ter sido melhor. Bowie e Pullman fizeram um negócio com a EMI de relançar 25 álbuns produzidos entre 1969 e 1990. Bowie garantiria mais de 25% dos direitos autorais referentes às vendas por atacado nos Estados Unidos. O catálogo de Bowie estava avaliado em mais de 100 milhões de dólares, capaz de gerar um fluxo de renda pronto para ser hedgeado. Pullman propôs a securitização dos direitos autorais de Bowie.

Bowie amou a ideia; ele receberia o dinheiro agora e, tecnicamente, ainda seria o dono das músicas, mas o dinheiro gerado pelos direitos autorais iriam para outrem durante quinze anos. Pullman diz que, logo depois que ele explicou a proposta, Bowie imediatamente perguntou: "Por que ainda não começamos isso?".[6]

O negócio foi montado em poucos meses e não faltaram compradores interessados. Antes da conclusão do negócio, vazaram rumores, e Pullman recebeu uma enxurrada de telefonemas. O Bowie Bond, como o papel ficou conhecido, era atraente para seguradoras, que precisam fazer pagamentos regulares a seus segurados durante muitos anos no futuro. Ter um título de crédito de longo prazo, como o Bowie Bond, é como as seguradoras fazem o hedge do risco, pois precisam de um ativo que ofereça um fluxo de pagamentos regulares.

A Prudential pagou 55 milhões de dólares e, em troca, recebeu juros de 7,9% sobre o principal durante quinze anos.** Esses pagamentos de juros eram financiados pela renda resultante dos direitos autorais dos álbuns de Bowie, gravados antes de 1990. Se, por alguma razão, as músicas não gerassem receita suficiente (e o fundo de reserva acabasse), o catálogo de Bowie seria da Prudential. Mas isso não aconteceu, pois

---

* No entanto, como vimos na crise financeira de 2008, a diversificação não reduziu o risco sistemático de que muita gente desse o calote ao mesmo tempo.

** Como no pagamento antecipado de uma hipoteca, se a renda gerada pelos direitos autorais fosse maior que a esperada, eles pagariam mais e resgatariam os títulos antecipadamente.

a renda gerada por direitos autorais de música é muito estável no caso de músicos mais velhos, com catálogos estabelecidos.

Essa estratégia foi de hedge, porque Bowie recebeu 55 milhões de dólares para renunciar ao pagamento de direitos autorais durante quinze anos. Ele reduziu o seu potencial de ganhos em troca da certeza de receber 55 milhões de dólares antecipadamente. Talvez Bowie se sentisse menos inclinado a correr riscos por ser mais velho, ou talvez tenha visto mais riscos adiante, com a mudança da indústria da música. Seja como for, ele decidiu hedgear.

Comprar alguma coisa que sobe quando outra desce

Em vez de comprar um ativo livre de risco como hedge, é possível comprar dois ativos diferentes, que se movimentem em direções opostas. Pense em apostar contra o seu time de futebol: a perda de um resultado (sentir-se mal se o seu time perder) é compensada por um ganho (receber dinheiro quando o seu time perder). Ou suponha que você seja o capitão de um navio de cruzeiros. Quando a indústria de cruzeiros vai bem, sua remuneração aumenta: há mais viagens e as pessoas pagam mais pelos cruzeiros, o que aumenta os seus ganhos. Se, porém, ocorrer outro incidente, tipo "cruzeiro de cocô", a demanda tende a cair, acarretando menos viagens e tarifas mais baixas, ou seja, menor remuneração para todos, e até ameaça de perder o emprego. O capitão de um navio de cruzeiros pode hedgear o risco de novo "cruzeiro de cocô", investindo em hotéis, ou em resorts terrestres, ou em outras empresas que lucram quando os cruzeiros estão em baixa.

Hedge negativo: mais risco, mais recompensa

Hedge é uma estratégia que reduz o risco, mas, como qualquer estratégia, pode ser revertida para aumentar o risco e a recompensa. Suponha que você queira aumentar a empolgação ao assistir a um jogo de futebol. Você pode fazer um hedge negativo e aumentar o risco, apostando em seu próprio time. Em caso de vitória, você fica feliz duas vezes: tem o direito de se gabar e ainda ganha uma grana extra. Em caso de derrota, são duas decepções: seu time é uma porcaria e você ainda perdeu dinheiro.

Uma técnica de hedge é emprestar dinheiro ao governo, a uma empresa, ou à cidade, comprando títulos de crédito que prometam pagar certa importância em um período predeterminado. Como a quantia paga é fixa, o papel é menos arriscado que ações, ou seja, reduz o risco da sua carteira de investimentos em ações.* Reduzir um investimento arriscado, como em ações, e combinar o restante com títulos de crédito pode ser um tipo de hedge.

A estratégia oposta é *tomar empréstimos* e usar o dinheiro mutuado para fazer investimentos arriscados; isso é chamado alavancagem, e é um hedge negativo. Essa é uma estratégia que amplia o risco e que, geralmente, se situa na raiz das crises financeiras. Donald aprendeu essa lição quando tomou dinheiro emprestado do pai para financiar o esquema das balas. Ele ganhou dinheiro até que o seu tesouro de repente desapareceu, e ele não pôde pagar ao pai.

Eis outro exemplo de alavancagem. A agência postal vende Forever Stamps, selos que mantêm o valor mesmo que o preço dos selos postais aumente. Suponha que você soubesse que o preço dos selos postais aumentaria de 45 centavos para cinquenta centavos na semana seguinte. Se você comprar um Forever Stamp nesta semana por 45 centavos, ele valerá cinquenta centavos daqui a uma semana. Esse conhecimento cria uma oportunidade.

Imagine que você tenha 10 mil dólares e aplique toda essa importância na compra de Forever Stamps. No dia seguinte ao do aumento dos preços, você vende os 22 222 selos por 11 111 dólares. Você lucra 1111 dólares, retorno de 11% em poucos dias.

Nada mau, mas você pode conseguir resultado ainda melhor se assumir mais risco. Digamos que contraia um empréstimo de 90 mil dólares em um banco, fazendo uma segunda hipoteca sobre a sua casa, à taxa de juros de 5% ao mês. Você junta o empréstimo e sua poupança

---

*   Assumindo que a entidade emitente do título de crédito ou obrigação não dê calote e pague principal e juros.

e compra 100 mil dólares em selos. Se você vender todos os selos em um mês, você recebe 111 mil dólares. Depois de pagar o empréstimo ao banco, mais o valor dos juros em um mês (94,5 mil dólares), o seu lucro é de 6611 dólares. Esse ganho é quase seis vezes o que você ganharia se autofinanciasse a arbitragem dos selos.

Obviamente, essa é uma aposta muito arriscada. É alta a probabilidade de você não conseguir vender 222 222 selos em um mês. Se, depois de alguns meses, você não conseguir vender os selos, o pagamento de juros comerá o seu lucro. E se você nunca for capaz de passar os selos adiante, você perderá a casa. Alavancagem é o tipo de transação de alto risco/alta recompensa, que deixa super-ricas algumas pessoas em finanças (se tiverem sorte) e destrói a carreira de muitas outras (e até economias inteiras).

A história dos selos talvez pareça a mais rematada loucura, mas apostas igualmente extravagantes são feitas todos os dias. A alavancagem explica os altos retornos de alguns hedge funds. Na maioria das vezes, as pessoas que parecem conseguir mais não estão fazendo nenhuma grande mágica, nem são mais inteligentes do que o resto de nós. Elas estão apenas assumindo mais riscos.

Hedgeando o futuro dos cruzeiros

Donald assumiu grandes riscos pouco depois de tornar-se CEO, o que definirá o seu legado na Carnival. Um ano depois, a Carnival cooptou John Padgett, da Disney.[7] Padgett é o cérebro por trás da Disney MagicBand, pulseira eletrônica que os associados usam nos parques da Disney para rastrear seus passos, localizá-los a qualquer momento, coordenar transportes e reduzir o tempo de espera nas filas.

Padgett e equipe[8] propuseram um produto semelhante para a Carnival, o Ocean Medallion, ou Medalhão Oceânico. E levaram a proposta um passo à frente. Os cruzeiros podem ser impessoais e genéricos. É um meio de usufruir as férias com tranquilidade, sem planejamento nem sobressaltos. Em contrapartida, você é mais um no rebanho de 3 mil indivíduos — esse é o trade-off do risco. O Medalhão acena com o melhor dos dois mundos. Ele simula uma experiência mais personalizada: a equipe sabe o seu nome e conhece as suas preferências gastronômicas e etílicas ao entrar nos restaurantes e bares a bordo. A tecnologia prevê as atividades que você apreciaria; por exemplo, tomar um martíni na noite passada talvez sugira que você estaria interessado em praticar mergulho hoje. O Medalhão atualiza constantemente seus dados, para adivinhar todas as suas necessidades e desejos, mesmo antes de você fazer algum pedido — é uma experiência de cruzeiro orwelliana.

Explorar essa tecnologia é um risco. Reciclar a equipe e reconfigurar os navios são passos essenciais. Os aspectos negativos incluem a alta probabilidade de falhas técnicas no começo, o alto custo de implementação da tecnologia e a insegurança dos clientes com o compartilhamento de dados. O Medalhão foi anunciado no Consumer Electronics Show de 2017, onde foi enaltecido como o novo futuro dos cruzeiros e recebeu muita cobertura da mídia. O que deixou de ser mencionado, contudo, foi a cuidadosa estratégia de hedge de Donald: aposte alto, mas seja cuidadoso.

O Medalhão foi desenvolvido *muito* lentamente. Vários meses depois do anúncio, uns poucos passageiros seletos o experimentaram em um único navio de cruzeiros premium, o *Princess Line*. Passou-se mais de um ano até que todos os passageiros do navio pudessem usá-lo. Em 2018, estimou-se que o acesso ao Medalhão em todos os navios da Carnival só ocorreria anos depois. Quando eu disse que havia entrevistado Donald sobre fazer hedge de risco, ele respondeu: "Bem, Arnold é mestre *nisso*. Se você considerar esse esforço de inovação, em especial [Medalhão], ele envolve riscos, mas mantém tudo em perspectiva. A aposta mais alta é em 1% da frota, e a estamos fazendo de maneira a evitar reveses".

O sucesso de Donald consiste em trabalho duro, acuidade intelectual e uma conjugação de grandes expectativas com prudência. Ele espera o melhor e planeja para o pior. Talvez falte a essa estratégia o drama que condimenta as realizações tão decantadas de outros empreendedores de sucesso, mas isso aumenta as chances de vitória.

10
Seguros: introduzindo a espetacular opção de compra de ação

Diversão é como seguro de vida;
quanto mais velho se fica, maior é o custo.

Frank McKinney "Kin" Hubbard, cartunista,
humorista e jornalista americano

A PALAVRA "SEGURO" NORMALMENTE não evoca sentimentos de vibração. Em geral, pensamos em corretores com ternos mal ajustados vendendo seguro de vida, ou um atuário trabalhando numa sala sem janela, estimando quando morreremos. Seguro, porém, faz algo maravilhoso: reduz o custo de um risco dar errado, ao mesmo tempo que nos permite desfrutar os ganhos potenciais da tomada de risco. Com o hedge, renunciamos aos ganhos se os resultados forem melhores do que esperamos, mas, com o seguro, mantemos os ganhos. Por isso, de muitas maneiras, o seguro pode parecer mágica.

Dez vezes por semana, num apartamento sombrio e esquálido, em pleno cipoal do bairro Hell's Kitchen, na cidade de Nova York, Belinda Sinclair também faz a sua mágica. No dia em que estive lá, o público não chegava a doze pessoas. Ela oferece chá e se sintoniza com todos, captando seus pensamentos, desejos e dúvidas para ajustar sua apresentação marcantemente feminina à personalidade de cada um.

Uma das poucas mulheres que apresentam espetáculos de mágica como profissão, ela é a epítome da nobre história dos atores de mágica como entretenimento. Não raro, associamos mágica a homens, mas as mulheres têm uma longa história de contribuições menosprezadas às artes ocultas. Quase sempre, eram mulheres que trabalhavam como curandeiras e místicas, misturando poções e dizendo a sorte. No século XIX, em Nova York, mulheres promoviam pequenas reuniões, como a de Sinclair, em quartos ou salas, e executavam truques de mágica. Foi mais ou menos na época de Houdini, quando os protagonistas de mágica eram homens, praticando ilusionismo para grandes públicos, enquanto as mulheres eram relegadas ao papel de coadjuvantes.

Sinclair diz que somos atraídos pela mágica porque ela sugere que os humanos têm poderes que lhes conferem ordem e controle em um mundo que, de regra, é hostil e imprevisível. O mágico desafia a aleatoriedade impiedosa da natureza. A crença na magia sugere que alguns humanos têm a capacidade de controlar a gravidade, o tempo, o espaço e até a morte. Se alguns têm esses poderes, talvez todos também os tenhamos, ou podemos pagar pelos serviços de alguém que possua esses dons especiais.

Evidentemente, tudo isso é ilusão, não passa de truque. Engano é o que os mágicos fazem, e você paga para experimentar. Eles o induzem a sentir-se confortável e confiante; fazem coisas que parecem desafiar todas as leis da natureza e a consciência humana. Não é à toa que os mágicos bem-sucedidos tendem a ser estranhos e extremamente cativantes. Executar um truque de mágica implica ludibriar o alvo, o que significa manipular o que veem e sentem. Sinclair faz tudo isso ao criar profunda empatia com todas as emoções do público. Quando você interage com outas pessoas, elas geralmente não têm tanta consciência das suas emoções, na maioria das vezes porque estão interessadas no que precisam para romper esse vínculo momentâneo. Quando alguém está tão consciente da sua existência e das suas necessidades, ele ou ela exerce poder sobre você, levando-o a sentir-se seguro e confiante. É disso que os mágicos precisam.

A sala de Sinclair está aparelhada com espelhos e arames, e ela acomoda o público premeditadamente, por altura, para ter algum controle sobre o que cada um vê. Ela passa o tempo todo de olho em todos, como o homem de meia-idade cujo rosto se ilumina quando ela retira a carta em que ele escreveu o próprio nome. E, assim, ela conquista até os mais céticos, que para lá foram arrastados pela esposa, quando a mágica faz uma moeda flutuar sobre a mão dela. Sinclair incute palavras na mente do público e, então, adivinha o que estão pensando.

Sinclair irradia afeto caloroso; na casa dos cinquenta anos, tem compleição de 35, o rosto emoldurado por cabelos grisalhos, cacheados, muito compridos. Não admira que tenha sido modelo quando jovem. Sinclair teve muitas carreiras. Ainda mora a alguns quarteirões de onde cresceu em Nova York, cercada por uma grande família.

Sinclair atuou como atriz infantil e foi para uma escola de artes cênicas no ensino médio. Depois da faculdade, queria ser médica, e estudou medicina. Parte da formação dela consistiu em trabalhar com crianças doentes em um hospital. Um dia, o hospital pediu a ela que fizesse um show para as crianças, já que tinha formação em teatro e em representação. Ela fez tanto sucesso que os pais lhe pagavam cem dólares para animar as festas de aniversário dos filhos.

Percebendo que aquilo poderia ser uma fonte de renda para pagar os estudos, Sinclair foi a uma loja de mágicas comprar suprimentos, mas achou que muitos dos truques estavam caros demais e não eram muito bons. O pessoal da loja a desafiou a fazer melhor, e ela foi para casa, onde montou seu primeiro truque, que ela não revela. Os mágicos da loja ficaram tão impressionados com a destreza dela que a convidaram para aprimorar os catálogos deles, o que incluía desenhar os componentes e ilustrar a execução de todos os truques. Depois de cinco anos nesse trabalho, Sinclair desenvolveu conhecimento enciclopédico do funcionamento dos truques de mágica: "Aprendi em primeira mão... Como os olhos do público se movimentam quando veem um truque, como as mãos do mágico são protagonistas, e como a apresentação deve ser redirecionada em caso de falhas... A mágica o obriga a parar, observar e prever as reações dos presentes. É uma arte estar preparado para as ações e reações".

Ela acabou deixando a escola de medicina e usando sua formação em teatro para começar a trabalhar com mágicos e produzir as apresentações deles nos palcos. Quando tinha 29 anos, começou a fazer as próprias mágicas.

Ela pratica um tipo de mágica que inclui truques com cartas e moedas. Sinclair tem tanta confiança em suas habilidades de prestidigitação que até me explicou como retira de um baralho uma carta específica. A carta que alguém acabou de segurar fica um pouco mais aquecida que as outras, o que a deixa com ligeira inclinação, possibilitando que ela a identifique pela quase imperceptível irregularidade no maço de cartas. Outra dica: como o baralho precisa ser embaralhado pelo menos sete vezes, para mudar a ordem da maioria das cartas, ela pede aos espectadores que embaralhem somente três vezes. Aprender e praticar todos os truques pode demorar mais de três anos. Exige muita destreza manual; para cada truque, Sinclair desenvolve os músculos da mão para espalmar a carta da maneira exata.

Quando lhe pergunto se os truques dão errado, Sinclair esboça um sorriso dissimulado e responde: "O tempo todo". Mas essas falhas mal são percebidas.

"Quando isso acontece, você *redireciona* os trabalhos", explica. "Não é bem trapaça — é desvio de atenção. Se não encontrar a carta, você devolve o baralho e diz: 'Verifique o baralho; confirme que a carta ainda está lá'. A palavra-chave é 'lá'."

O público acha que essa passagem é parte do ato, mas é uma oportunidade para Sinclair descobrir onde está a carta. Toda essa prática e anos de estudo consistem, basicamente, em dominar um plano de apoio para garantir que o truque corra bem. Não importa o que seja — pôr um espelho num canto, distrair o público por um segundo, ou redirecionar o rumo —, em outras palavras, ter um seguro extra na algibeira pode salvar o espetáculo. Um único erro mal dissimulado pode destruir a confiança necessária para produzir uma ilusão.

A habilidade mais importante de Sinclair não é o conhecimento profundo de mágica nem a habilidade de prestidigitação; em vez disso, é a capacidade de salvar qualquer truque e ainda encantar o público, mesmo que alguma coisa não tenha dado certo. Todos os mágicos bem-sucedidos precisam dominar a arte de defender e garantir o truque. Alguns até revelam os macetes. O segredo que ninguém esclarece, no entanto, é como cada um se segura depois de algum fiasco. Para Sinclair, numa pequena sala apertada, onde todos podem ver tudo, é o tem-

SEGUROS: INTRODUZINDO A ESPETACULAR OPÇÃO DE COMPRA DE AÇÃO

po e a energia que ela dispensa ao público, para que cada um acredite e confie nela na hora em que for preciso defender e garantir o truque.

Seguro é mágica

Seguro funciona como mágica. Reduz o risco, da mesma maneira como o hedge, mas com uma diferença importante. No hedge, você assume menos risco; você renuncia a parte dos ganhos potenciais em troca da redução do risco de que alguma coisa saia terrivelmente errado. Se você se arrisca menos, consegue menos. O seguro parece perpetrar o inimaginável: proteção contra o risco negativo e preservação dos ganhos potenciais ilimitados.

Por exemplo, suponha que você resolva tornar-se pescador de caranguejos para fins comerciais, um dos trabalhos mais perigosos do mundo. As chances de morrer ou de ficar incapaz são muito mais altas do que as de qualquer contador. Mas todo o risco pode compensar. Você pode ganhar até 50 mil dólares por mês durante a estação dos caranguejos, mais do que a maioria dos contadores recebe em um ano. Hedgear o risco, nesse caso, seria evitar as áreas de pesca mais perigosas, como o mar de Bering, que tem as piores condições climáticas e os maiores caranguejos. Você assume menos riscos e também renuncia à possibilidade de grandes rendimentos; nesse caso, talvez consiga apenas 30 mil dólares por mês, em vez de 50 mil, mas reduz o risco de ficar inválido ou de ser morto.

Seguro maneja o risco de maneira diferente. Você compra seguro de vida ou de invalidez porque prover a família é o mais importante para você. Se algo lhe acontecer nos mares perigosos, sua família ainda terá renda, mas, ao mesmo tempo, você preserva o potencial de ter grandes retornos nas águas mais perversas.

É possível assegurar-se contra quase qualquer coisa imaginável: sua casa, sua vida, sua capacidade de trabalhar, seu carro, suas férias. As modelos podem até fazer seguro das próprias pernas; Dolly Parton pôs os seios no seguro. Todos esses casos são exemplos de alguém assumindo os riscos de outrem por um preço.

VIVER COM RISCO

Seguro, porém, não é gratuito. Você paga um prêmio, e, em troca, a seguradora assume o seu risco negativo. As vantagens ainda são todas suas, menos o custo do prêmio do seguro. Como na mágica, as pessoas são céticas ao comprar seguro. Talvez até questionem se o prêmio é justo em relação à proteção; algumas talvez até achem que estão sendo enganadas.

Geralmente seguro é um bom negócio. Como a mágica, o seguro pode fazer o risco desaparecer, pois transferir o risco para uma seguradora é eficiente. Suponha que uma modelo queira segurar-se contra quebrar a perna e perder meses de renda. Se ela quiser autossegurar-se, terá de reservar quantia equivalente à estimativa da perda de renda possível, só para o caso de alguma coisa ruim acontecer, porque ela arca com todo o risco por conta própria. Mas, se comprar seguro, ela só precisa pagar à seguradora uma fração da perda de renda possível, porque a seguradora vende a mesma apólice a centenas de outras modelos, e a maioria delas nunca cobrará o seguro, já que as chances de uma modelo quebrar a perna tendem a ser muito baixas. É assim que as seguradoras diversificam o risco: fazem um pool de todos os prêmios pagos pelas modelos e usam o dinheiro para indenizar as menos afortunadas que entrarem com um aviso de sinistro. O risco é reduzido, mas não eliminado. Digamos que ocorra um acidente insólito num desfile de modas, e mais de uma modelo frature a perna. A seguradora terá de assumir o risco de cauda e indenizar as modelos acidentadas pela perda de renda.

Comprar seguro é mais eficiente do que suportarmos o risco. Quando, porém, não há mercado para os nossos riscos, encontramos alguma maneira de nos assegurarmos na vida diária. Pagar um preço por um plano de contingência é uma forma de seguro, seja fazendo um depósito para reservar um local alternativo se estiver chovendo no dia do seu casamento, seja carregando o peso extra de mais um cantil numa longa caminhada, para a hipótese de se perder e ficar desidratado.

Sinclair não pode pagar seguro contra falhas nos truques de mágica. Talvez um dia os mágicos formem uma aliança e resgatem os truques uns dos outros, mas esse dia ainda não chegou. Portanto, em vez disso, Sinclair dedicou anos ao aprendizado de como criar empatia com o público e controlar o que eles veem, para ser capaz de defender e garantir seus truques, se algum der errado. O tempo que ela dedicou a cultivar a

150

SEGUROS: INTRODUZINDO A ESPETACULAR OPÇÃO DE COMPRA DE AÇÃO

habilidade de resgatar seus truques e a confiança que desenvolveu com o público são o seu seguro. Ela pode desfrutar sem restrições a plenitude dos benefícios de um ótimo show de mágica, sem se preocupar com eventuais falhas dos truques.

Mesmo que não possamos comprá-lo, o seguro comercial, além da redução do risco, exerce outra importante função. As apólices de seguro são compradas e vendidas. Para que essas transações ocorram, o valor de eliminar o risco negativo deve ser precificado. Mesmo que não compremos seguro, o preço nos ajuda a medir o risco e a identificar situações mais arriscadas que outras.

Opções

Também há um seguro para ativos financeiros. É possível pagar a alguém um prêmio para assegurar-se contra queda muito acentuada no preço de uma ação. Esse tipo de seguro é um instrumento financeiro chamado opção sobre ação, um contrato estipulando que você pode comprar ou vender uma ação por certo preço, em determinado prazo, dependendo das condições. Por exemplo, se comprar uma opção de venda (*put option*), você paga um prêmio e alguém lhe garante a possibilidade de você vender-lhe uma ação, a certo preço, no futuro, não importa qual venha a ser o preço de mercado. Imagine que você compre ações do Facebook a duzentos dólares cada. Você está otimista sobre o futuro da empresa, mas receoso de que ela compartilhe histórias oriundas de fontes duvidosas, o que poderia levar à queda no preço da ação. Você pode comprar uma opção de venda que lhe dá o direito de vender a ação do Facebook por 150 dólares, a qualquer momento, nos próximos seis meses. Uma opção de venda é um seguro contra a chance de o preço da ação do Facebook despencar.

Mais um exemplo: se comprar uma opção de compra (*call option*), você paga um prêmio e alguém lhe garante a possibilidade de comprar uma ação, a certo preço, no futuro, não importa qual venha a ser o preço de mercado. Digamos que você esteja no dia seguinte ao da eleição de 2016, nos Estados Unidos. O meio de comunicação preferido do novo presidente é o Twitter; assim, você antecipa que a vitória de Trump aumentará o valor de mercado da empresa Twitter. Você acha que o preço da ação subirá de dezenove para quarenta dólares nos próximos seis meses, mas ainda não quer assumir um compromisso financeiro com base nessa suposição. Você poderia comprar uma opção de compra por dois dólares, que lhe assegura o direito de comprar ações do Twitter por apenas trinta dólares, e, então, vendê-la a quarenta dólares, obtendo um belo lucro.

Evidentemente, ninguém sabe o que acontecerá daqui a seis meses. Em abril de 2017, o preço da ação do Twitter caiu para 14,30 dólares, e não ficou acima de 26 dólares naquele ano. Se a sua opção vigorar por apenas seis meses, ela ficou sem valor; você pagou dois dólares à toa. Os investidores usam opções de venda e opções de compra para fazer apostas no que esperam venha a acontecer no mercado de ações.

Opções reduzem o risco, oferecendo-lhe uma compensação na hipótese de acontecer um evento incerto e futuro, da mesma maneira como o seguro lhe paga uma indenização se a sua casa pegar fogo ou se você fraturar uma perna. Com o mesmo intuito, opções entregam dinheiro caso aconteça uma situação específica, como alta ou baixa do preço da ação (dependendo do contrato). Se você assegurar-se contra queda no preço da ação, você diminui o risco de perder dinheiro, mas ainda mantém o benefício ilimitado se o preço da ação subir, menos o que você pagou como prêmio pela opção.

Opções são uma forma de seguro, mas o detentor da opção não é obrigado a exercê-la. A opção pode ser para vender ou comprar uma ação a certo preço, antes de uma data especificada; pagar a sua hipoteca antes do vencimento; ou até continuar namorando alguém sem comprometer-se a casar. Você não precisa assumir o compromisso agora — por uma pequena taxa, você pode esperar e ver o que acontece antes de agir. E não há custo por esperar (talvez ela ou ele se aborreça com a demora, mas você terá a carteira de ações para aquecê-lo/a à noite), pois você tem a certeza de vender ou comprar ações ao preço estipulado no contrato, não importa o que aconteça com os preços reais.

É possível usar opções exatamente como hedge ou como qualquer outro tipo de estratégia de redução de riscos, para ampliar em vez de

SEGUROS: INTRODUZINDO A ESPETACULAR OPÇÃO DE COMPRA DE AÇÃO

reduzir o risco. Por exemplo, você pode apostar alto em uma guinada para cima no mercado de ações e usar mais alavancagem para aumentar o cacife. Se estiver errado, talvez acabe perdendo ainda mais do que perderia se tivesse comprado ações de uma única empresa que quebrou.

Quem sabe você decida apostar que as ações do Twitter passarão de dezenove para quarenta dólares nos próximos seis meses. Em vez de comprar uma ação da empresa, você poderia comprar dez opções de compra a dois dólares cada, o que lhe dá o direito de comprar ações do Twitter a trinta dólares a qualquer momento nos próximos seis meses. Se o preço da ação chegar a quarenta, você lucra oitenta dólares [us\$ 80 = (us\$ 40 - us\$ 30) × 10 – us\$ 20]. Isso é muito mais do que os 21 dólares que você lucraria se comprasse apenas uma ação do Twitter; o risco, porém, é mais alto. Se o preço da ação cair para dezessete dólares, as suas opções de compra perdem o valor, e você perde a totalidade dos vinte dólares que gastou com elas. Se você tivesse comprado uma ação da empresa, teria perdido dois dólares. Opções podem ampliar os ganhos e perdas da mesma maneira como tomar dinheiro emprestado para fazer uma aposta arriscada.

A maioria das pessoas assume que os derivativos financeiros, como opções, são invenções modernas, que contaminaram os mercados e os tornaram mais arriscados. Opções, contudo, são comercializadas há milhares de anos, e durante todos esses séculos os usuários sempre tiveram medo delas. Aristóteles, que tinha em má conta quem buscava riquezas, condenou a maneira como o filósofo Tales ganhou uma bolada comprando opções sobre prensas de azeite quando antecipou uma boa safra.

No passado, era difícil precificar em quanto avaliávamos o risco. Isso mudou na década de 1970, quando Fischer Black e Myron Scholes[1] desenvolveram uma fórmula para precificar opções. Mais ou menos na mesma época, Robert C. Merton, outro professor de finanças, desenvolveu uma maneira robusta de calcular o preço de opções.[2] O modelo dele oferece um método rápido e objetivo de precificar o risco, com base em algumas características fáceis de observar e mensurar.

De início, o trabalho deles sobre precificação de opções parecia semelhante a qualquer outra curiosidade acadêmica, com alta dose de

VIVER COM RISCO

matemática esotérica, mas os trabalhos escritos sobre o modelo Black-
-Scholes e sua solução vieram a ser algumas das pesquisas financeiras
mais influentes publicadas em qualquer época. Já se comercializavam
opções antes da década de 1970, mas, em geral, lançavam-se opções
para transações específicas, da mesma maneira como Tales procurava os
donos de prensas de azeite, na tentativa de fazer negócios. O mundo, no
entanto, se tornara mais arriscado e a demanda por seguro aumentara;
nessas condições, essa abordagem casuística não mais se prestava. À
medida que a economia crescia e ficava mais interconectada, aumentava a demanda por meios de assegurar-se contra o risco de investir
em mercados externos. A demanda aumentou porque o mundo ficou
mais arriscado, as taxas de câmbio constantes, do Acordo de Bretton
Woods,* já não existiam, e os preços do petróleo e a inflação dispara-
ram. Mais indivíduos e instituições buscavam meios de gerenciar esses
riscos. O mercado de opções precisava de métodos confiáveis, consistentes e replicáveis para precificar o risco, a fim de crescer e atender à
nova demanda.

Por coincidência, logo depois de Black, Scholes e Merton publicarem
os seus trabalhos, a Câmara de Comércio de Chicago criou uma bolsa de
valores em que se compravam e vendiam opções em grandes volumes.
O modelo Black-Scholes gerava preços com que todos podiam fazer
acordos. Ainda por cima, ao mesmo tempo, avanços nas calculadoras
financeiras possibilitaram que o modelo fosse programado nas maqui-
ninhas dos operadores. Em 1973, no primeiro dia da operação da nova
bolsa de valores, apenas 911** opções de compra mudaram de mãos.
Um ano depois, o volume médio diário crescera para 20 mil contratos,[3]
e, em 2016, mais de 4 milhões de contratos de opções[4] eram negociados
todos os dias apenas nessa bolsa de valores.***

O preço do seguro indica o grau de risco de uma situação, mas como
saber se o preço de um seguro é justo ou se estamos sendo ludibria-

---

*   Regime de taxas de câmbio fixas que deixou de vigorar em 1973; depois disso, as
taxas de câmbio passaram a flutuar no mercado e se tornaram mais incertas.
** No início, apenas operações de compra eram comercializadas.
*** Dúzias de outras bolsas foram abertas em todo o mundo.

SEGUROS: INTRODUZINDO A ESPETACULAR OPÇÃO DE COMPRA DE AÇÃO

dos? Ao ajudar-nos a compreender melhor os fatores que tornam uma situação mais arriscada do que outra, o modelo Black-Scholes é uma ferramenta a ser usada para distinguir uma pechincha de uma fraude.

As gregas conhecem risco

O preço de uma opção (de venda ou de compra) depende de somente quatro parâmetros diferentes. A importância de cada um desses fatores diz muito sobre o risco que enfrentamos. No modelo Black-Scholes, essas relações são denominadas gregas.

1. **Vega: mais volatilidade, mais risco**

A primeira coisa a ser observada são as possibilidades. O capítulo 4 descreveu mensuração do risco, o conjunto de coisas que podem acontecer. Em geral, focamos nossas preocupações com o risco na variedade de coisas que são mais prováveis, denominada volatilidade. Quanto maior é essa variedade, maior é o risco que enfrentamos. E, em regra, quanto maior é a volatilidade, maior é a necessidade de renúncia para proteger seus resultados.

Quanto mais arriscada for uma situação, mais precisamos pagar para nos assegurarmos. Se houver uma obra na rodovia para o aeroporto, maior será a gama de tempos de viagem possíveis, e precisamos prever mais tempo para chegar lá.

2. **Delta: suas chances de *estar in the money* (dentro do preço)**

Em seguida, você precisa preocupar-se com as chances de alguma coisa dar errado. Mesmo que você compare dois cenários com o mesmo nível de volatilidade, às vezes um apresenta maior probabilidade de precisar de seguro do que outro. E quanto maior for a probabilidade de que você precise de seguro, mais caro ele será.

O seguro contra furacões custa mais para uma casa na Flórida do que para uma casa no Arizona, porque os residentes na Flórida provavelmente precisarão mais desse tipo de seguro. As seguradoras cobram mais de clientes de alto risco — pessoas mais propensas a ficar doentes ou a dirigir desatentas, ou empresas que não praticam bons hábitos de higiene cibernética. O pescador comercial no mar de Bering pagará prêmio de seguro de vida mais alto que um contador.

As chances são de que, na última vez em que comprou uma passagem aérea, você também vendeu uma opção e nem percebeu. Como vimos no capítulo 1, as companhias aéreas se reservam a opção de chutá-lo para fora do avião se o voo estiver sobrevendido. Quanto mais baixa for a classe da tarifa, ou mais barata for a passagem aérea, mais alta será a sua posição na lista de passageiros a serem retirados do voo. Seu bilhete barato é tão barato, em parte, porque você vendeu uma opção de ser transferido para outro voo se o avião estiver lotado. Quanto maior for a sua probabilidade de ser chutado, mais valiosa é a sua opção para a companhia aérea, e, portanto, maior é o desconto no seu bilhete.

3. Theta: o valor do tempo

Outra consideração é quanto tempo durará o risco. Acaso há o risco de que alguma coisa dê errado no mês que vem ou no ano que vem? Quanto mais duradouro for o risco, mais risco você enfrenta. E quanto mais longa for a cobertura do contrato de seguro, mais caro ele será. Um equívoco comum a esse respeito é que, quanto mais tempo transcorrer antes da realização do risco, menos arriscada é a situação.

Por exemplo, geralmente diz-se que é menos arriscado investir em ações quando se é jovem, porque, em caso de queda no mercado de ações, a pessoa tem mais tempo para compensar a perda. É o que os economistas denominam "falácia da diversificação do tempo", porque a premissa não é verdadeira. É verdade que há boas chances de o mercado se recuperar em dez ou vinte anos; em geral, o tempo apaga grandes perdas. Isso, porém, não significa necessariamente que o risco é menor, porque vinte anos de investimentos também acarretam a possibilidade de vinte anos de maus retornos. Se você só estiver investindo no prazo de dois anos, essa possibilidade é inexistente. Dependendo do ponto de vista, mais tempo no mercado pode significar mais risco.

SEGUROS: INTRODUZINDO A ESPETACULAR OPÇÃO DE COMPRA DE AÇÃO

Isso também é verdade se você espera aumentar as chances de ser feliz no casamento. As mulheres enfrentam pressões para casar jovens ou "envelhecer na prateleira". No entanto, as chances de encontrar alguém para casar continuam altas na meia-idade, e até além; já as chances de separar-se, porém, caem drasticamente quanto mais velha você for ao casar-se. E é assim não só porque você tem menos anos de casamento, quando as coisas dão errado, mas também porque as pessoas que casam mais velhas são mais estáveis e amadurecidas. Casar cedo é um risco. Você enfrentará mais estresse financeiro, e o cônjuge pode transformar-se em outra pessoa.

4. Rô: taxa livre de risco

Frequentemente, assumir risco é uma escolha. Você pode ficar em casa, vendo Netflix numa noite chuvosa, ou ir a um encontro às cegas. O grau de atração da opção segura é importante. Antes da Netflix, as escolhas eram mais limitadas. Você poderia se sentir mais tentado a sair, qualquer que fosse o programa, porque ficar em casa era menos tentador. Agora, graças ao streaming, a opção livre de risco ficou mais atraente, enquanto os riscos dos encontros são mais altos. Que custo atribuímos ao risco e, por extensão, que preço estamos dispostos a pagar para reduzi-lo dependem, em regra, do que oferece a alternativa segura.

Em finanças, o valor do ativo seguro desempenha muitos papéis importantes na precificação de ativos arriscados e de derivativos. É quanto você ganha sem assumir riscos de espécie alguma. Não é necessário assumir riscos se a opção livre de risco ou quase sem risco for quase tão boa quanto a opção arriscada. Nesse caso, assumir riscos simplesmente não compensa. Livre de risco também representa quanto custa financiar uma aposta arriscada (lembre-se da taxa de juros da segunda hipoteca, na arbitragem de selos postais do capítulo 9).

Esse valor da opção segura também determina muitos aspectos da decisão arriscada. Por exemplo, explica por que alguns economistas agora acreditam que o encarceramento em massa pode aumentar a criminalidade, em vez de dissuadi-la.[5] Seria de supor que prender mais pessoas *reduziria* o crime. Afinal, estamos tirando criminosos das ruas. O encarceramento em massa, porém, foi longe demais e levou muitos transgressores não violentos para a prisão. Mesmo quando se trata de pequenos delinquentes, ir para a prisão muda a pessoa. Você aprende a infringir a lei e estabelece conexões no mundo do crime. Ao sair da cadeia, você tem mais oportunidades no crime.

O que realmente importa é que a opção segura — manter-se longe do crime — torna-se menos valiosa do que era antes do encarceramento. Ao sair da prisão, suas opções no mundo legal ficam mais restritas. É difícil conseguir emprego depois de ser condenado a pena de prisão por crime grave.

Ou, em outros termos, o crime talvez seja ainda mais atraente para quem já foi presidiário, sobretudo em comparação com a vida do cidadão honesto, cumpridor das leis, ou seja, a escolha livre de risco. Isso explica, em parte, por que cerca de 76% dos criminosos são reincidentes.

Seguro é mágica com contratos

Sob quase todos os aspectos, mágica é muito diferente de seguro. Mágica é ilusão, um truque, ao passo que seguro é contrato, um documento legal. Se você se envolver em um acidente de carro, ou se o mercado de ações cair abaixo de certo nível, ou caso ocorra qualquer outro evento segurável, você não fica pendurado na brocha, como seria o caso, se o truque de mágica sair errado. Alguém tem a obrigação legal de indenizá-lo.

Apesar do que supõe muita gente, seguro só o engana às vezes. Já a mágica sempre o ludibria, que é o que se espera quando se vai a um espetáculo de mágica. Muita gente fica com um pé atrás em relação aos contratos de seguro porque, às vezes, eles são confusos, caros e opacos, como a opção que você vendeu, sem saber, sobre o seu assento no avião. Os termos do seu contrato de opções estão ocultos nas letras pequenas do bilhete. As chances são de que você fique furioso, e com toda a razão, se for retirado do voo contra a sua vontade e fisicamente arrastado para fora da aeronave.

SEGUROS: INTRODUZINDO A ESPETACULAR OPÇÃO DE COMPRA DE AÇÃO

Os contratos de anuidade vitalícia simples (*simple life annuity*) são outra ferramenta poderosa e valiosa de mitigação do risco (ver a análise do capítulo 3); eles são um seguro contra viver demais. Não importa quanto você viva, a seguradora lhe paga uma importância fixa periódica. É até possível que você possa aumentar seus gastos na aposentadoria, por estar juntando e diluindo o seu risco com o de outros aposentados. Se você estiver receoso de sobreviver à poupança, ou de sobrar vida no fim do dinheiro, esse seguro pode ser extremamente valioso. Infelizmente, alguns tipos de anuidades, que são pagamentos contínuos a intervalos regulares, com frequência mascateados por corretores terceirizados, ficaram mal-afamados em razão de taxas ocultas nas letras pequenas.

Os contratos de seguro podem ter muitas variáveis, e, quando o risco fica mais complexo, o contrato também se torna menos transparente. Muitos oferecem proteção valiosa contra o risco, mas outros não valem o papel em que são impressos, muito menos o alto prêmio que cobram.

Como consumidor, você deve fazer duas perguntas ao comprar seguro:

1. O que o seguro cobre exatamente?

   Qual é o seu objetivo, e você está realmente assegurando-se contra alguma coisa que ameaça esse objetivo? Frequentemente caímos na tentação de comprar seguro para cobrir um risco com que não estamos preocupados ou contra o qual já estamos segurados; por exemplo, comprar seguro para aluguel de carro, quando já temos seguro no cartão de crédito, ou comprar seguro para o caso de a televisão cair da parede, quando a deixamos sobre um rack.

2. Quanto custa o seguro?

   Podemos usar as gregas do modelo Black-Scholes para verificar se o valor do seguro justifica o prêmio: você está de fato enfrentando uma situação de alto risco? Quais são as chances de que você realmente venha a precisar do seguro? Qual é o prazo da apólice? Quanto você pouparia se evitasse o risco?

As opções são uma ilusão?

Desde a crise financeira de 2008, os derivativos financeiros e os modelos como Black-Scholes, que os facilitam, têm sofrido duras críticas. Uma delas é que não há maneira confiável de precificar o risco e que o modelo oferece uma sensação de falsa segurança, um estímulo à tomada de risco. Como os truques de Sinclair, tudo não passa de ilusão.

A mágica é uma ilusão que sugere que os humanos exercem algum controle sobre a aleatoriedade cruel da natureza. Há quem faça a mesma afirmação sobre precificação de opções, e há paralelos. Robert K. Merton, pai de Robert C., foi um mágico amador muito sério, que sonhava em ser profissional. Merton era o nome artístico de Robert K.; o nome de família original é Schkolnick. A carreira de mágico não deu certo para o velho Merton. Em vez disso, tornou-se renomado sociólogo: "profecia autorrealizável" e "consequências não intencionais" são dois de seus conceitos bem conhecidos. Alguns aspectos das teorias de Merton são relevantes para compreender a precificação do risco.

Sinclair acredita que a mágica, mesmo que seja tapeação, destrava o potencial das pessoas: "A mágica escancara o senso de deslumbramento. Nosso potencial é maior do que imaginamos". O fascínio que você experimenta numa apresentação de mágica pode induzi-lo a assumir mais riscos e a perceber que você é realmente capaz de coisas maiores. A mágica se torna uma profecia autorrealizável, se liberar o senso de possibilidade e impulsionar a sua autoconfiança à altura do seu potencial, propiciando alguma coisa que, em condições normais, não seria possível. Sob certos aspectos, a mágica se torna real. Sinclair explica: "Faço as pessoas se sentirem confiantes, tranquilas e seguras. Nesse estado, elas podem fruir e agir; caso se sintam melhor consigo mesmas, a mágica aconteceu".

Evidentemente, a mágica em si jamais ocorreu, e, da mesma maneira, talvez a precificação do risco realmente não seja possível. A precificação de opções é meramente uma estimativa do risco em um mercado incerto. No entanto, o fato de o risco nunca ser uma realidade exata não desmerece os modelos de risco nem invalida os preços por eles fornecidos. Qualquer mapa geográfico é impreciso. porque não inclui

SEGUROS: INTRODUZINDO A ESPETACULAR OPÇÃO DE COMPRA DE AÇÃO

todos os caminhos e árvores, mas a falta desses detalhes não torna o mapa inútil. O propósito do mapa é orientar o usuário, ajudando-o a compreender como seus diferentes aspectos se relacionam uns com os outros. É o que faz um modelo financeiro, como Black-Scholes: oferece um método consistente, transparente e prático de assimilar como diferentes fatores — preço, volatilidade, tempo — compõem o preço do risco, de maneira compreensível e aceitável para todos. É o que o torna tão valioso. Depois que todos concordam em como os preços devem ser calculados e passam a usar o mesmo modelo, o preço é considerado certo, o que cria alguma ordem num mercado caótico.

Uma aura de mágica envolve as opções financeiras. No mundo da mágica e das finanças, o senso de controle pode encorajar-nos a assumir mais riscos. Correr mais riscos pode ser positivo; é como avançamos na vida e realizamos grandes feitos. Opções são contratos de seguro, e seguro pode oferecer-nos senso de segurança; mas essa percepção às vezes nos leva a assumir mais risco do que deveríamos.

Isso não é tudo. As tecnologias de redução do risco, como opções, podem ser revertidas e ampliar o risco. Por exemplo, opções também são usadas para fazer apostas no mercado de ações, gerando mais risco, ao invés de reduzir o risco. Os financistas geralmente usam opções para tomar mais risco, em lugar de mitigar o risco.

O trade-off entre risco e segurança é traiçoeiro, mas, no cômputo geral, o seguro fornecido pelos derivativos financeiros reduz grande parte do risco; contudo, se ocorrer um colapso sistemático, como a Grande Recessão, o custo pode ser alto. Ainda bem que esses eventos são raros.

11
Riscos morais: surfando grandes ondas com seguro

Só quem se arrisca a ir longe demais
talvez possa descobrir até onde ir.

T.S. Eliot

UMA REDE DE SEGURANÇA pode sustentá-lo quando você cair ou funcionar como estilingue e lançá-lo a novas alturas. Não só isso, o fato de existir a rede de segurança talvez o encoraje a assumir mais riscos. Isso não significa que devemos dispensar as redes de segurança, mas, sim, que precisamos ser ponderados sobre como usar as ferramentas de gestão de riscos. Esse não é o tipo de conversa preferido em finanças ou em governos; é mais fácil culpar a rede de segurança pelo excesso de riscos, em vez de responsabilizar o usuário por usá-la de maneira imprudente.

Fui à North Shore de Oahu, no Havaí, em busca de uma comunidade cujos membros adotam uma abordagem mais produtiva sobre as desvantagens da gestão de riscos: surfistas de grandes ondas. A vida deles depende de usar técnicas de gestão de riscos, embora essas mesmas ferramentas também os exponham a riscos maiores.

Greg Long se diz maníaco por controle. Maníaco por controle não é como geralmente se descreve alguém que parece frio — Long é um campeão de surfe em grandes ondas, nascido e criado nas praias do sul da Califórnia — ou alguém que, ao ser finalmente encontrado, explica que estava acampando numa praia, no México, durante algumas semanas, muito longe de qualquer sinal de telefone.

Os surfistas de grandes ondas são diferentes dos surfistas comuns. Em vez de surfar ondas menores, em competições com bom público, em praias muito frequentadas, eles procuram ondas que têm de 6 a 24 metros — a altura de um edifício — geralmente em localidades remotas. Long é famoso na comunidade do surfe não só por ser um dos melhores surfistas de grandes ondas de sua geração, mas também por sua abordagem fantástica à gestão de riscos.

Long surfou sua primeira grande onda quando tinha quinze anos, na costa de Baja California, com o pai, um guarda-vidas, e o irmão mais velho. O pai ensinou-lhe a jamais entrar na água sem um plano de segurança, com os apetrechos mais eficazes e conhecimento completo das condições.

Na imaginação popular, os surfistas de grandes ondas são intrépidos caçadores de aventuras, que, temerariamente, buscam as maiores ondas disponíveis. Essa descrição, porém, não se aplica a Long, nem a nenhum dos surfistas de grandes ondas que conheci.

"Nunca fui viciado em adrenalina", explica Long. "Talvez eu fosse quando era garoto, mas se tratava quase sempre de uma onda específica, de uma enorme massa de energia, do desafio de descobrir onde eu tinha de ficar para montá-la, além de aprender em cada onda como montar melhor na próxima."

Descobrir a onda certa não é fácil. Não é simplesmente uma questão de tamanho, uma vez que a onda ideal precisa preencher várias condições: o vento deve ser favorável; a energia do vagalhão, alta o suficiente; e a distância entre duas ondas sucessivas, ótima. Saber tudo isso antes de entrar na água pode ser a diferença entre vida e morte. Foram-se os dias em que os surfistas viam grandes ondas de suas janelas, telefonavam para os amigos e as surfavam. Long é um meteorologista autodidata, que desenvolveu relacionamentos pessoais com previsores de tempo profissionais. Ele vasculha dados sobre as condições de surfe em todo o mundo, em busca das melhores condições — costa da Califórnia, Taiti, Havaí, África do Sul, Portugal, Irlanda.

Oceanos e condições climáticas são como mercados financeiros: caos controlado. É possível planejar e gerenciar riscos, mas as coisas sempre podem dar errado. Foi o que aconteceu com Long em 21 de dezembro de 2012, a 1700 quilômetros da costa do sul da Califórnia. Como é típico de Long, ele cuidou de tudo e nada deixou por conta do acaso. Conhecia as condições do tempo e estava munido dos mais modernos equipamentos de segurança. Como em qualquer de suas expedições, Long viajou com um grupo grande, inclusive uma equipe de socorristas. Nessa viagem, isso significava seis homens em jet skis. Não raro, os surfistas são acompanhados por um séquito de fotógrafos, e todo o grupo de Long era composto de profissionais qualificados, por seus próprios méritos, também em jet skis, capazes de empreender um resgate em condições extremas, se necessário.

Long caiu da prancha ao pegar a segunda onda de um conjunto de cinco e foi arrastado muito para o fundo. Ativou os coletes infláveis que estava usando, puxando uma alça. O colete não inflou e não o trouxe para a superfície; Long ficou preso no fundo, enquanto grandes ondas o impediam de subir.

Long manteve a calma. Já havia treinado para esse tipo de emergência; ele consegue manter a respiração suspensa durante cinco minutos e meio. Long precisava decidir: nadar para a superfície, em busca de ar e socorro, ou esperar a passagem da terceira onda do conjunto. Essa última hipótese seria mais prudente; nadar para a superfície gastaria energia e oxigênio preciosos. Se tentasse emergir enquanto a onda quebrava, a massa de água o impediria. Ele, porém, estava ficando sem oxigênio e ansioso para chegar à tona. Resolveu, então, partir para a luta. A onda seguinte já estava estourando quando ele se aproximava da superfície, a pouco mais de meio metro do ar, mas, logo em seguida, sentiu-se empurrado para baixo, talvez uns nove metros. A força da terceira onda expulsou o resto de ar dos seus pulmões e o deixou em estado de choque. Teve convulsões e lutou com todos os instintos para começar a respirar, e acabou inalando água.

Sem oxigênio, Long esgotou o que lhe restava de energia e agarrou a coleira em seu tornozelo, que o atrelava à prancha. Escalou a trela até a prancha, que, naquele momento, estava submersa a uns três metros da superfície.

Com câimbras, dormências e convulsões em todo o corpo, Long não conseguiu segurar com firmeza a prancha, e perdeu a consciência, enquanto a quarta onda passava sobre ele. Felizmente, ele ainda estava preso à prancha, que havia flutuado até a superfície. Outro surfista, DK Walsh, trabalhando como socorrista naquele dia, viu a prancha de Long, mergulhou e salvou-o. Long foi colocado num trenó de resgate, atado a um jet ski, que o levou para o barco da expedição, atracado nas proximidades.

Já no barco, Long recuperou a consciência. Ainda em choque, tossiu sangue espumoso e recebeu oxigênio, antes de ser levado por via aérea a um hospital, onde logo se restabeleceu. Dias depois, estava de volta aos grupos de surfistas, em Mavericks, no norte da Califórnia, embora a experiência ainda hoje o atormente. "Antes, as grandes ondas eram imagens recorrentes em meus sonhos, e evocavam as lembranças mais venturosas", disse, em *Surfing Magazine*. "Agora, elas assombram meus pesadelos."[1]

Surfistas de grandes ondas são como atuários, só que bronzeados

Talvez você não imagine que um surfista de grandes ondas e um engenheiro financeiro tenham algo em comum. Ambos, porém, enfrentam o mesmo problema: o seguro remove o risco negativo e os deixa com ganhos potenciais ilimitados, mas essa situação nos incentiva e nos capacita a assumir riscos ainda maiores.

Essa é uma das razões de tanta gente questionar as finanças modernas. Os reguladores se esforçam para conter a tomada de riscos excessiva, ao mesmo tempo que colhem os benefícios das ferramentas de mitigação de riscos, que miram tornar os mercados menos arriscados. Mas eles não são os únicos que procuram o equilíbrio certo.

Procurei respostas numa conferência sobre risco para surfistas de grandes ondas. Agora, as conferências sobre risco se incluem geralmente no meu domínio (afinal, sou economista especializada em planejamento de aposentadorias). Foi um pouco estranho, de início, ver os surfistas fora de seu habitat natural, numa sala de eventos de um hotel, com iluminação artificial e apenas uma janela pequena. Sob muitos aspectos, a Conferência de Segurança do Grupo de Avaliação de Risco de Grandes Ondas, na North Shore de Oahu, foi diferente de outras conferências sobre risco de que participei. Todos, exceto eu, estavam bronzeados e em excelente forma física — até os participantes já bem sessentões. A maioria usava bermuda, camiseta e sandálias de dedo. O dia incluía workshops sobre sustentar a respiração, liderados por mergulhadores de águas profundas. Ex-oficiais de forças especiais nos instruíram sobre como amarrar um torniquete e executar traqueostomia de emergência com uma caneta. A certa altura, alguém usou um termo impróprio, mas numa acepção técnica. Eu até renovei meu certificado de reanimação cardiopulmonar.

Sob outros aspectos, porém, a conferência foi como uma reunião sobre risco de aposentadorias e pensões: os homens eram maioria, passamos quase todo o tempo olhando para slides em PowerPoint com números e figuras, e houve debates acalorados sobre quem é responsável pela regulação do risco. Os surfistas também compartilharam as mais recentes ferramentas sobre como minimizar o risco e discutiram técnicas sobre como converter a incerteza em risco, estimando as probabilidades.*

O objetivo da conferência era aplicar a ciência do risco ao surfe de grandes ondas. Em vez de ir para as praias e torcer pelo melhor, os surfistas são escolados na "arte" do risco: como fazer avaliações do risco, quantificadas e esclarecidas. As ferramentas de mitigação do risco parecem ser diferentes das usadas nos mercados financeiros, mas servem a propósitos semelhantes. Os surfistas formam equipes bem treinadas para levantar as chances de resgates exitosos (diversificação). Para tanto, monitoram as condições das ondas, identificam os perigos (tubarões, montes, pedras, águas profundas, frio) e fazem estimativas de probabilidades sobre as chances de algo dar errado. Tudo isso é para que os surfistas possam fazer trade-offs esclarecidos, para curtir com segurança a empolgação de montar uma grande onda (hedge).

---

* Chame Gerd Gigerenzer: os surfistas foram incentivados a pensar em termos de frequências, em lugar de probabilidades.

RISCOS MORAIS: SURFANDO GRANDES ONDAS COM SEGURO

E usam as tecnologias de resgate mais recentes quando são derrubados e engolfados (seguro).

Algumas técnicas, porém, são de baixa tecnologia e bom senso. Por exemplo, as ondas tendem a movimentar-se em pacotes, ou conjuntos. Se você souber que as ondas surfáveis à sua frente são parte de uma sequência de cinco ondas, por exemplo, uma estratégia de hedge é pegar a quarta onda, mesmo que a primeira seja maior. Dessa maneira, você não é atingido nem mantido submerso pelas grandes ondas subsequentes. Long diz que, geralmente, ele pega as últimas ondas do conjunto. Aquele dia de 2012, em que pegou a segunda onda e capotou, foi uma exceção. Ele estava longe, na água, havia mais de quatro horas, e já tinha deixado passar muitas grandes ondas, só para decepcionar-se com as últimas das sequências, sempre pequenas e insurfáveis. Aquela segunda onda que ele pegou era parte do primeiro conjunto de cinco grandes ondas daquele dia.

A Conferência de Segurança começou depois que o famoso surfista Sion Milosky afogou-se na costa do norte da Califórnia. Os surfistas concluíram que precisavam desenvolver novos mecanismos de segurança e treinamento, além de melhores práticas para a redução de riscos. A conferência reúne surfistas para que priorizem a segurança e aprendam as tecnologias mais recentes de redução de riscos.

A consciência do risco é cada vez mais importante, à medida que a tecnologia continua a transformar o surfe de grandes ondas. Um esporte para poucos homens, que montam ondas de seis a nove metros, metamorfoseou-se em esforço científico, com o suporte dos gadgets mais avançados, para surfar ondas de quinze ou até de 24 metros. Usada corretamente, a tecnologia reforça a habilidade, mas não a substitui. O problema é que muitos surfistas usam a tecnologia para compensar deficiências em natação e até em surfe.

Irmãos de outra mãe

Brian Keaulana é um dos fundadores da Conferência de Segurança. Ele é para o surfe de grandes ondas o que Robert C. Merton é para finanças.

167

VIVER COM RISCO

Merton promoveu o amplo uso de opções[2] nos mercados financeiros, o que, por seu turno, capacitou as pessoas a assumir riscos nos mercados, assegurando-se contra as perdas potenciais. Keaulana introduziu jet skis no surfe de grandes ondas; essas ferramentas inestimáveis são usadas para resgatar surfistas que capotam. Um jet ski salvou a vida de Greg Long.

Como os jet skis furam as ondas, atravessando a água, um surfista lesionado pode ser trazido para a praia rapidamente e receber atendimento médico. São, de fato, como um seguro: fornecem proteção se alguma coisa acontecer, e ainda oferecem os ganhos potenciais ilimitados de surfar grandes ondas.

Keaulana tem uns cinquenta anos, toda uma vida como surfista de grandes ondas, ex-guarda-vidas, e agora dublê. Interpretou ele mesmo em um episódio de *Baywatch*. Keaulana fala com orgulho dos valores haitianos de conhecer e respeitar o mar. Ele associa sua espiritualidade e reverência pela tradição com o amor pela tecnologia e o interesse intenso por estratégias de risco modernas. Vaidoso, exibiu seu mais recente Apple Watch e explicou que é à prova d'água e pode fazer chamadas telefônicas quando ele está no mar, coordenando um salvamento.

Da mesma maneira como Merton, Keaulana foi profundamente influenciado pelo pai, Richard "Buffalo" Keaulana, lenda do surfe de grandes ondas.

Quase 6500 quilômetros de oceano aberto separam o litoral do Japão e a North Shore de Oahu, produzindo algumas das maiores ondas do mundo. Quando os surfistas começaram a chegar ao Havaí para montar as grandes ondas de North Shore, na década de 1950, Buffalo era guarda-vidas. Foi a era de ouro do surfe de grandes ondas, e Buffalo deixou sua marca no esporte. Num divisor de águas para o surfe de grandes ondas, seu parceiro de longa data, Greg Noll, que inspirou o nome de Greg Long, montou uma onda épica de onze metros em 1969, a mais alta onda surfada até então.

Buffalo criou os filhos no mar e agora, na faixa dos oitenta anos, é o patriarca de uma dinastia do surfe de grandes ondas. Parou de surfar somente poucos anos atrás. "Surfe é a fonte da juventude", explica seu filho Brian.

RISCOS MORAIS: SURFANDO GRANDES ONDAS COM SEGURO

Em fins da década de 1980, Brian Keaulana participou de uma das maiores competições de surfe de grandes ondas, chamada Eddie, em homenagem ao surfista Eddie Aikau, em Waimea Bay. Certa vez, ele capotou num mar bravio. Enquanto nadava, Keaulana se lembrou de um surfista que, recentemente, capotara e se afogara, num dia em que ele era o guarda-vidas em serviço. Ele não conseguiu alcançar o surfista a tempo, por causa das águas turbulentas. Agora, Keaulana se encontrava em condições semelhantes, e, enquanto lutava com o mar agitado, seu amigo Squiddy aproximou-se num stand-up jet ski e perguntou se estava tudo bem. Squiddy não podia socorrê-lo num stand-up jet ski, mas uma "luz se acendeu" para Keaulana. Ele se deu conta de que jet skis possibilitariam que ele chegasse a surfistas em condições muito piores, e salvasse mais gente.

Já em casa, depois da Eddie, Keaulana pesquisou toda a literatura que encontrou sobre jet skis. A Yamaha havia lançado, recentemente, o WaveRunner, um sit-down jet ski que possibilitaria salvamentos em águas traiçoeiras. Keaulana tomou um empréstimo, comprou o novo jet ski e começou a experimentá-lo. Depois de algumas tentativas e erros, atrelou uma prancha de bodyboard à traseira do jet ski, como precursor do trenó de resgate, e passou a usar jet skis em salvamentos.

Poucos anos depois, Keaulana e outro guarda-vidas usaram jet skis para salvar sete surfistas arrastados para o mar. De volta à praia, Keaulana foi multado por uso inadequado de jet skis, que, na época, eram licenciados apenas para recreação. Keaulana contestou e anulou a multa, e começou a fazer lobby entre os políticos locais para alterar a legislação, explicando como os jet skis poderiam tornar mais seguros os resgates oceânicos.

A legislação foi alterada, e Keaulana ajudou a definir as normas e o treinamento para o uso de jet skis em socorro marítimo. Hoje, é comum ver jet skis de prontidão no mar em competições de surfe. Os surfistas até interromperam a disputa enquanto Keaulana almoçava, para não se arriscarem sem que ele estivesse por perto com o jet ski.

Pouco depois de Keaulana adotar jet skis para resgates, surfistas de grandes ondas, como o lendário Laird Hamilton, começaram a usá-los para levar o esporte a novos patamares, ou vagalhões. Os surfistas sempre anseiam por grandes ondas, mas havia limites para o tamanho das ondas a serem montadas, porque era muito difícil remar a prancha com rapidez suficiente para pegar as maiores ondas. Hamilton e os amigos começaram a usar jet skis para lançar-se em grandes ondas que nenhum humano jamais alcançaria remando na prancha. Denominado *tow-in surfing*, ou surfe rebocado, essa técnica possibilita galgar ondas de vinte a 25 metros.

O próprio Keaulana praticou *tow-in surfing*, e parece não se importar com a maneira como os jet skis transformaram o esporte. Ele receia, porém, que as pessoas os estejam usando como muleta para surfar ondas além de seu nível de competência: "Estão ocorrendo abusos. Talvez fosse melhor que essas pessoas se limitassem a ondas de três a seis metros. Elas contam com os jet skis para salvá-las e ousam ir aonde não deveriam ir, pelo motivo errado — exibição e autopromoção. Esses surfistas fazem loucuras porque sabem que os guarda-vidas e os jet skis estão lá para socorrê-los. Um cara me disse: 'Fique de olho em mim, não sou muito bom'".

Em 1975, o economista Sam Peltzman,[3] da Universidade de Chicago, observou que o aumento da segurança dos automóveis acarretou mais acidentes, porque as pessoas passaram a se arriscar mais. Com direção assistida, freios ABS, cintos de segurança, sinais de alerta para o motorista se nos aproximarmos demais de veículos ou pedestres, os automóveis ficaram mais seguros, mas também aumentamos a velocidade média. Assumir mais riscos porque a tecnologia transmite a sensação de segurança é fenômeno comum, conhecido como "efeito Peltzman".

Quase sempre usamos tecnologia pela sugestão de mudança, mas a desvantagem daí decorrente é que acabamos assumindo riscos ainda maiores, por nos sentirmos mais seguros com a tecnologia.

O desafio com que se defrontam surfistas, financistas e todos nós é como evitar o efeito Peltzman e usar a tecnologia de maneira menos arriscada, mesmo que ela acene com a promessa de oportunidades mais empolgantes.

Ondas de 25 metros em finanças

Jet skis em surfe de grandes ondas servem ao mesmo propósito de opções sobre ações nos mercados financeiros. As duas ferramentas como forma de seguro contra o risco negativo ainda mantêm o ganho potencial ilimitado. Ambas podem ser usadas para assumir riscos ainda maiores, usar alavancagem para ampliar os retornos, ou surfar em ondas de 25 metros. E esses grandes riscos impõem custos a outrem. O excesso da tomada de risco em finanças espalha o risco e, às vezes, exige operações de socorro financeiro pelo governo. Quando surfistas precisam de socorro, desviam-se recursos que poderiam ser usados para ajudar indivíduos carentes, arrisca-se a vida dos socorristas e incorre-se em despesas adicionais, se a Guarda Costeira precisar intervir.

As inovações em segurança empoderam as pessoas, novatas ou especialistas, a assumir mais riscos. Às vezes, até para indivíduos mais qualificados, com mais escolaridade e experiência, o risco se realiza em situações horríveis. Malik Joyeux, Sion Milosky e Kirk Passmore estão entre surfistas rematados de grandes ondas que morreram nas últimas duas décadas.

Robert C. Merton e Myron Scholes, cuja fórmula promoveu o crescimento do mercado de opções, eram sócios do Long-Term Capital Management (LTCM), hedge fund que assumiu excesso de risco e quase deflagrou uma crise financeira. O fundo, constituído em 1994, ostentou a melhor constelação de astros do mercado, oriundos da indústria e da academia. Sua estratégia básica era lucrar com pequenas diferenças nos preços entre dois títulos de crédito, com mais ou menos o mesmo vencimento. O lucro gerado por essas pequenas diferenças era minúsculo, o que levava o fundo a usar muita alavancagem (hedge negativo), ampliando o risco e o retorno esperado. De início, o risco compensou e gerou altos retornos consistentes, da ordem de 40%, já líquido de taxas de administração, em 1995 e 1996, e pouco menos de 20%, em 1997.[4]

Em fins de 1997, os sócios resolveram, depois de muita discussão, devolver aproximadamente 2,7 bilhões de dólares de capital aos investidores do LTCM. A empresa ficou mais alavancada depois da devolução do dinheiro, o que aumentou não só o potencial de grandes ganhos para os sócios, mas também o risco de insolvência caso alguma coisa desse errado. No início de 1998, o LTCM tinha cerca de 4,8 bilhões de dólares de capital próprio e mais de 124,5 bilhões de dólares de empréstimos, índice de alavancagem de 25 para 1.* A devolução do dinheiro se revelou má decisão.

Poucos meses depois, a Rússia desvalorizou a moeda e caloteou a dívida. Daí logo seguiu-se a crise financeira asiática. O LTCM usou ferramentas de risco — diversificação, hedging e seguro — para reduzir o risco associado à alavancagem, mas o fundo logo descobriu as limitações da ferramenta. Ativos que deveriam atuar como hedge repentinamente não foram eficazes. As pequenas diferenças de preços entre os títulos de crédito ficaram muito maiores.

O LTCM perdeu dinheiro em 1998: em oito meses, 4,8 bilhões de dólares se reduziram a 2,3 bilhões. Prosseguisse esse ritmo, o LTCM não conseguiria pagar o dinheiro que tomou emprestado para financiar toda essa alavancagem. O fundo também precisava de dinheiro para manter as operações, mas ninguém se dispunha a emprestar.

Os danos de uma situação como essa do LTCM geralmente se limitariam aos investidores e sócios do fundo. Nesse caso, porém, o risco foi além do LTCM. Grande parte dos negócios do fundo consistia em agir como intermediário entre vários bancos, que queriam títulos de crédito com diferentes vencimentos. O LTCM era um ator muito importante no mercado, e os grandes bancos, na maioria, ficariam abarrotados de títulos de crédito que não queriam e não poderiam vender se o LTCM ficasse insolvente.

O Federal Reserve de Nova York intermediou um acordo, e catorze empresas financeiras formaram um pool de 3,6 bilhões de dólares para adquirir participação de 90% no LTCM. Essa injeção de capital estancou

---

* Índice de alavancagem é a razão ou quociente de dívida sobre capital próprio. Para os detentores de capital próprio, quanto maior for o índice, maior será o risco, porque eles são remunerados pelo lucro: bons pagamentos quando o fundo vai bem e nenhum pagamento se o fundo tiver prejuízo. Os debenturistas ou obrigacionistas devem ser remunerados, quaisquer que sejam os resultados, sob pena de falência da empresa.

a hemorragia: as dívidas foram pagas, os mercados se acalmaram, e, finalmente, o LTCM saiu de cena. Por fim, os sócios e os investidores remanescentes perderam todo o dinheiro que haviam aplicado e auferido no fundo. Os bancos que compraram 90% das ações ganharam dinheiro e o mercado continuou estável. Por muito pouco o desastre não foi catastrófico.

O que aconteceu no LTCM geralmente tem sido visto como consequência do fracasso de modelos de risco complexos. O que deu errado, no entanto, foi muito mais simples. Basicamente, o fundo assumiu riscos demais em busca de retornos excessivos. Os modelos de risco não podem responder por todas as ocorrências possíveis, nem foram desenvolvidos com esse intuito. Um índice de alavancagem de 25 para 1 equivale a surfar uma onda de 25 metros. Você pode fazer todas as pesquisas, trazer jet skis e usar coletes infláveis, mas os oceanos e os mercados financeiros nem sempre são previsíveis. Não há como garantir a segurança de uma onda de 25 metros, como não é possível eliminar o risco de uma alavancagem de 25 para 1.

A era de ouro não era tão dourada

Nem sempre foi tão complicado. Nas décadas de 1950 e 1960, os investidores nos mercados financeiros se limitavam a poucas pessoas que tinham condições de perder dinheiro, e não se usavam numerosos derivativos complicados para hedgear o risco. Na juventude de Buffalo Keaulana, havia apenas umas poucas dezenas de surfistas de grandes ondas, e eles não tinham longas trelas que os amarravam às longas pranchas (essa importante inovação de segurança foi introduzida na década de 1970). Antes das trelas e dos jet skis, quando os surfistas capotavam e perdiam as pranchas, eles talvez tivessem de nadar mais de dezoito quilômetros para encontrar um acesso seguro à terra. Naquele tempo, os surfistas de grandes ondas eram todos nadadores excepcionais e conhecedores profundos do mar. Hoje, os surfistas, em geral, têm trela presa à prancha. Ao serem lançadas, as trelas tornaram o surfe mais acessível para nadadores menos exímios. Desde então, as trelas passaram a ser controversas e polarizaram a comunidade de surfistas, porque levaram surfistas menos qualificados para a água.

Melvin "Uncle Mel" Pu'u é outro surfista na linha de frente da tecnologia do risco. Homem corpulento, gorducho e careca, pai de oito filhos, viveu num orfanato na infância e foi acolhido pela família Keaulana. Uncle Mel e Brian Keaulana cresceram como irmãos, surfando e trabalhando como guarda-vidas, e são tão próximos que terminam as frases um do outro.

Uncle Mel, Keaulana e eu fizemos uma pausa na conferência e tivemos uma conversa animada sobre o efeito Peltzman, ou o que eles chamam de "faca de dois gumes da segurança". Perguntei se o surfe não seria melhor sem toda essa tecnologia, se pudéssemos retornar a uma época mais simples, quando surfistas com excelente treinamento e dotados de habilidades de natação sobre-humanas, como Buffalo, estavam na água. Sem Apple Watches à prova d'água, jet skis, coletes infláveis, nem, muito menos, surfistas que não eram da praia. "Minha resposta seria não", respondeu Uncle Mel.

> Teríamos mais mortes. A indústria do surfe estava crescendo para um nível e escala jamais imaginados no início dos anos 1950. Agora, há muita exposição e mais oportunidades. Quando você tem todas essas oportunidades e equipamentos, haverá gente ultrapassando os limites — é o que acontece com as facas de dois gumes. Haverá quem não poderia estar lá, tirando vantagem da tecnologia disponível... A coisa vira uma questão de "quem sabe seria melhor se não tivéssemos todas essas ferramentas", mas ter tudo isso acaba virando necessidade.

"E também nos ajuda a compreender nossa mente e nossos limites físicos", acrescentou Keaulana.

> Porque nunca pudemos testar nossos limites sem o uso de tecnologia. Ninguém surfava em North Shore antes. Muitos militares vieram para cá e morreram; então, melhoramos nossas pranchas e pensamos: "Ah, podemos surfar aqui". Depois, chegou o jet ski, e partimos para os recifes longínquos. Assim, elevou-se o nível do que a mente e o corpo podem fazer no meio

RISCOS MORAIS: SURFANDO GRANDES ONDAS COM SEGURO

ambiente com o uso de tecnologia adequada, mas, para isso, precisamos das pessoas certas, com os equipamentos certos.

Perguntei-lhes sobre surfar na era de ouro, mas muita gente frequentemente faz a mesma pergunta sobre os mercados financeiros. A lógica sugere que o mundo seria melhor se os derivativos financeiros, baseados em Black-Scholes, desaparecessem e voltássemos aos mercados financeiros menores e mais simples. Quando expus essa comparação a Uncle Mel e a Keaulana, a primeira pergunta que fizeram foi: "Não são esses os tais derivativos financeiros que são usados para tapear as pessoas?". Todavia, da mesma maneira como os jet skis e os coletes infláveis oferecem segurança aos surfistas que querem montar ondas maiores, a intenção da maioria das inovações financeiras é descobrir maneiras de proporcionar segurança aos investidores, enquanto eles ainda usufruem de alguns ganhos com a tomada de riscos.

Em surfe e finanças, melhor seguro significa mais oportunidades e mais crescimento. A inovação financeira acena com maneiras mais baratas e com menos risco para financiar as novas tecnologias.[5] À medida que a tecnologia evolui, também se aprimoram as ferramentas financeiras que a financiam. As mais recentes inovações em finanças, que possibilitam a gestão de riscos, podem explicar tudo, desde a ascensão da Roma Antiga até o crescimento das cidades modernas. A evolução de finanças, a partir da década de 1970, impulsionou a tomada de risco, o que propiciou maior fluxo de riqueza para os países pobres, mais desenvolvimento, e menos pobreza global. Nos países mais ricos, a inovação financeira possibilitou os avanços de que desfrutamos hoje. Uma economia integrada e mais globalizada requer ferramentas financeiras que não existiam nas décadas de 1950 e 1960.

Às vezes, os riscos não correspondem às expectativas, mas esse é o preço que pagamos pelo crescimento econômico e pelo aumento da prosperidade. O truque é descobrir maneiras de limitar os danos colaterais, se os riscos forem excessivos.

Como podemos fazer melhor?

Inovação segura pode envolver mais tomada de risco; no todo, porém, ficamos mais seguros e mais ricos. O número de mortes em acidentes de trânsito tem caído desde a década de 1970, embora estejamos percorrendo distâncias maiores. Contudo, a partir de 2016, a tendência reverteu,[6] e houve pequena guinada para cima em acidentes fatais. Uma razão para o aumento são os smartphones. Eles nos deixam mais seguros porque podemos pedir ajuda se algo der errado, mas também aumentam o risco da condução de veículos se você digitar mensagens de texto enquanto dirige.

Com derivativos, mais pessoas investem, o que significa mais riqueza. Os investimentos fluem com mais rapidez para áreas da economia até então pouco irrigadas, possibilitando que mais empresas pequenas e mais países em desenvolvimento recebam capital. Às vezes, no entanto, os riscos não compensam e todos sofrem, mesmo que, no cômputo geral, todos estejamos melhores.

O fato de qualquer inovação do risco nos empoderar para assumir mais risco é o motivo exato da necessidade da atualização constante da regulação, seja nos mercados financeiros, na indústria automobilística ou no surfe. O que fez Brian Keaulana deve ser o modelo de como nós, e os reguladores, em especial, devemos abordar as inovações em segurança. Primeiro, mudou as normas referentes ao uso de jet skis quando descobriu que eles eram dispositivo de segurança útil. Depois, focou na educação, para que as pessoas usassem as ferramentas com responsabilidade. Agora, o estado do Havaí exige certificação para o uso de jet skis em *tow-in surfing*.

Quase ninguém teve a felicidade de conhecer alguém como Keaulana, que provê a liderança intelectual de que precisa o seu setor de atividade. Regulações, como limites de velocidade nas rodovias e índices de capital para os bancos, podem coibir alguns de nossos piores impulsos para assumir mais riscos. No entanto, desde que inovemos constantemente os métodos de redução de riscos e, assim, criemos oportunidades para tomar mais riscos, a regulação se empenhará, constantemente, em acompanhar as mais recentes inovações.

Em última instância, compete-nos ficar atentos quanto aos riscos que assumimos. O risco aumenta as chances de conseguir mais, e as ferramentas de gestão de riscos visam capacitar-nos a buscar mais e a nos arriscar menos. Usá-las corretamente envolve focar em nossos objetivos e assumir riscos apenas suficientes para alcançá-los. Keaulana e a Conferência de Segurança miram tornar os surfistas mais ponderados sobre o risco, para que não assumam mais risco do que o necessário, e ainda desfrutar os ganhos de surfar em grandes ondas.

O mundo moderno oferece a chance de assumir maior risco do que o devido, como surfar ondas de quinze metros quando você mal sabe nadar, ou usar derivativos financeiros e assumir alta alavancagem para apostar no mercado de ações. Cada uma dessas opções acena com chances de enormes recompensas, mas cabe perguntar se essa recompensa é realmente o seu objetivo, e se convém nadar em águas cheias de tubarões para chegar lá.

REGRA 5
A INCERTEZA ACONTECE

"O homem põe e Deus dispõe" é um provérbio iídiche. O mesmo se pode dizer da gestão de riscos. Risco é tudo o que você pode imaginar acontecendo no futuro. A gestão de riscos assume o controle dos riscos que antecipamos. Às vezes, porém, algo que você nunca poderia ter imaginado ou planejado dá errado (ou certo).

Mesmo as melhores estratégias de risco e as mais exatas estimativas de riscos não podem responder por tudo. Devemos fazer escolhas ponderadas, com base em mensurações de probabilidade movidas a dados; é o melhor que podemos fazer na maioria das vezes e o que nos ajuda a reduzir o risco em 90% das ocasiões. Mas como manejar os outros 10%, ou a incerteza knightiana,[1] que é o risco imprevisível,* ou o que o ex-secretário de Defesa dos Estados Unidos, Donald Rumsfeld, denominou *unknown unknowns*", isto é, "desconhecimentos desconhecidos"?

O capítulo 12 explica como preparar-se para a incerteza. Algumas pessoas são céticas em relação à gestão de riscos, porque ela só nos protege dos riscos para os quais podemos fazer planos e nos embalar na segurança. Mas é possível planejar para o implanejável. Não raro, tudo se resume em gerenciar o risco que se pode imaginar e manter apenas a dose certa de flexibilidade para o inesperado.

---

* O economista Frank Knight diferenciou pela primeira vez o risco, as possibilidades mensuráveis, e a incerteza, o imprevisível, em 1921. Esse tipo de incerteza às vezes é denominada incerteza knightiana, em homenagem a ele.

12
Incerteza: sob a névoa da guerra

Planos não valem nada, mas planejamento é tudo.

Dwight D. Eisenhower

POSSIVELMENTE, NENHUMA INSTITUIÇÃO aloca mais recursos à gestão de riscos do que os militares. Eles também arcam com os maiores custos se seus planos fracassarem, o que sempre ocorre. Quando se trata de estado de guerra, tudo é incerto e as coisas raramente ocorrem conforme o planejado.

Ninguém pode prever os resultados de uma decisão arriscada, mesmo quando o que está em jogo é muito mais baixo. A mensuração do risco é nossa melhor adivinhação do que acontecerá, e a gestão de riscos aumenta as chances a seu favor. Tudo isso, no entanto, assume que nossa estimativa do risco seja boa; podemos antecipar a maioria das possibilidades arriscadas. Mas, e quanto à incerteza remanescente, as coisas que nunca vimos chegando? Como planejar para o inimaginável?

O general aposentado H. R. McMaster é lendário nos círculos militares por suas vitórias em batalhas decisivas. Ele é mais conhecido, porém, pelos anos tumultuosos que passou na Casa Branca como segundo assessor de segurança nacional do presidente Trump. O que muita gente desconhece, no entanto, é que ele se destaca também como um dos principais especialistas em riscos do estado de guerra e em planejamento para o imprevisível.

A Batalha de 73 Easting

Em 23 de fevereiro de 1991, a Tropa de Águia do 2º Esquadrão do 2º Regimento de Cavalaria Blindada dos Estados Unidos atravessou a fronteira saudita-iraquiana. Foi o início da campanha terrestre da Operação Tempestade no Deserto, e a missão do regimento era cercar e derrotar a Guarda Republicana do Iraque.

A Tropa de Águia foi liderada pelo capitão H. R. McMaster, então com 28 anos, formado por West Point. Ele comandou os 140 soldados da Tropa de Águia, organizados em dois pelotões de tanques. A motivação estava alta entre os soldados; a maioria nunca tinha participado de combates, e todos estavam empolgados por estarem atrás das linhas inimigas. Era a primeira operação de combate dos Estados Unidos depois de uma geração. Os soldados estavam treinados para o desafio, mas não esperavam que, realmente, entrassem no campo de batalha.

A Guerra do Golfo foi a primeira guerra americana depois do Vietnã. Como em todas as guerras, as mais altas fileiras militares fizeram o mais cuidadoso planejamento de riscos. O Pentágono rodou simulações que tentavam antecipar todas as ocorrências possíveis. Definiram as táticas e equipamentos que minimizariam os piores resultados possíveis. As Forças Armadas se prepararam para o pior; previram que a expulsão de Saddam Hussein do Kuwait custaria a vida de dezenas de milhares de soldados americanos. Até certo ponto, essas previsões se baseavam na Guerra do Vietnã, além de informações sobre quão bem armadas e treinadas estariam as forças iraquianas.

A Tropa de Águia estava tensa. Esperavam um inimigo difícil, mas, nos primeiros dias depois de atravessarem a fronteira, McMaster e suas tropas ficaram surpresos ao ouvirem histórias sobre a facilidade com que outras tropas do regimento tinham dominado os soldados iraquianos.

Na noite do dia 24, um batedor da Tropa de Águia localizou soldados iraquianos. McMaster atirou com o tanque, matando alguns iraquianos; outros fugiram, e vários se renderam. Foi a primeira vez em que a Tropa de Águia entrou em contato com o inimigo, e tudo foi rápido e fácil. Não era o que esperavam. McMaster advertiu os soldados para

INCERTEZA: SOB A NÉVOA DA GUERRA

que não ficassem negligentes. A tropa ainda não tinha deparado com a Guarda Republicana, a unidade de elite ofensiva do Exército do Iraque.

Nos poucos dias que se seguiram, a Tropa de Águia avançou território adentro. Pela primeira vez, os soldados viram iraquianos mortos pelas tropas aliadas. Também encontraram soldados iraquianos, que baixaram as armas e as jogaram no chão, e alguns deles até saudaram, animados, os americanos, com o sinal de polegar erguido, como se até lhes estivessem dando boas-vindas. McMaster os descreveu em estado de desespero por comida e água. "Eram homens maltrapilhos, exaustos, de cabelos negros, barbudos, com nada mais além de uniformes e botas."[1]

Na manhã do 26º dia, a Tropa de Águia acordou sob neblina pesada, que logo se desfez e foi substituída por uma tempestade de areia. A intempérie pôs em terra a cavalaria aérea; em outras palavras, a tropa terrestre estava sem a segurança do apoio aéreo, se fossem feridos em combate e precisassem de assistência médica.

Antes das dez horas, a Tropa de Águia localizou três tanques iraquianos em missão de observação. Outra tropa do regimento já havia destruído dois dos tanques, e agora era a vez de McMaster cuidar do terceiro. Ele chamou pelo rádio: "Aquele MTLB [o tanque iraquiano] tem o meu nome?". A resposta foi: "Entendido, o seu nome está escrito nele todo".

O tanque estava a dois quilômetros de distância. O computador do tanque de McMaster fez os cálculos, baseado no vento e na velocidade do alvo. Ele esperou o momento certo e gritou: "Fogo!".

O tanque iraquiano explodiu em chamas, enquanto o estouro do canhão reverberava na cabine do blindado de McMaster, que se encheu de cheiro de pólvora. Os soldados bronquearam com ele por não ter deixado que atirassem no tanque iraquiano — todos queriam entrar em ação. A Tropa de Águia estava frustrada e ansiosa, por causa das frequentes idas e vindas. Ainda não tinham combatido, nem na menor das batalhas, e em breve poderiam defrontar-se com a Guarda Republicana. Sob fogo pesado, qualquer momento de hesitação poderia custar-lhes a vida.

Eles seguiram em frente, incumbidos de ganhar mais terreno, e, por volta de meio-dia, chegaram a sessenta a leste. Às 15h25, receberam ordens para avançar para setenta a leste, mas não além disso. Embora conhecessem a localização geral do alvo, a Tropa de Águia não tinha informações detalhadas sobre o que enfrentariam. McMaster tinha a sensação de que estavam chegando perto do inimigo e disse à tropa: "Este é o momento que tanto esperávamos".

A tempestade de areia reduzia a visibilidade, e, como não tinham mapas, a Tropa de Águia avançou pelo deserto, sem saber que uma estrada corria paralela a eles. Também ignorava que estava entrando no campo de treinamento Divisão Tawakalna, unidade de elite da Guarda Republicana, cuja missão era deter a entrada das forças americanas no Kuwait.

O comandante inimigo, major Mohammed, que havia sido treinado em Fort Benning, Georgia, quando Iraque e Estados Unidos eram aliados, planejara defender sua posição no vilarejo onde a estrada bifurcava. Ele não sabia que os americanos tinham equipamento de navegação que propiciava à Tropa de Águia atravessar o deserto, em vez de manter-se na estrada. A tecnologia era nova: a Guerra do Golfo foi a primeira com GPS, liberando a Tropa de Águia da necessidade de seguir mapas e roteiros tradicionais. O major Mohammed reforçou sua posição defensiva ao longo da estrada e se preparou para rechaçar as forças invasoras quando entrassem no vilarejo. Centenas de soldados iraquianos, em bunkers, esperavam os 140 militares da Tropa de Águia.

As forças americanas, porém, vindo pelo deserto, não pela estrada, contornaram o vilarejo e surpreenderam as tropas iraquianas, atacando-as e empurrando-as em formação V.

Às 16h18, a tempestade de areia ainda fustigava a área, quando o pelotão de tanques despontou no topo de uma elevação íngreme no deserto, sendo recebido por um grande destacamento da Guarda Republicana do Iraque. Pela primeira vez desde que entrou em território inimigo, a Tropa de Águia se surpreendeu sob fogo intenso. Seguiram-se os 23 minutos da batalha mais dramática e mais decisiva da Guerra do Golfo.

Bem treinada, mas inexperiente em combate, a Tropa de Águia não parou, atirando com rapidez e vencendo o inimigo. "Senti-me orgulhoso de como a tropa reagiu. Estar sob fogo é algo difícil de replicar

INCERTEZA: SOB A NÉVOA DA GUERRA

nos treinamentos, mas os combatentes responderam exatamente como tínhamos praticado",[2] lembra-se McMaster.

A prática e o treinamento por certo foram críticos, mas a Tropa de Águia também teve sorte. Sob a tempestade de areia, ninguém tinha boa visibilidade, mas os americanos contavam com a melhor tecnologia, e mesmo naquelas condições ainda conseguiram localizar e, então, surpreender as defesas iraquianas.

A Tropa de Águia avançou rumo ao leste, encontrando mais soldados iraquianos. Agora, a defesa inimiga era mais poderosa que a anterior, com trinta tanques, catorze outros veículos blindados e uma infantaria de várias centenas, força muito maior do que a Tropa de Águia. Mas o treinamento superior, os equipamentos melhores e o elemento surpresa mais do que compensaram as diferenças numéricas e o desconhecimento do terreno.

O combate foi rápido. A Tropa de Águia destruiu dezenas de tanques iraquianos em questão de minutos e estava pronta para prosseguir no rumo leste. Foi quando alguém do comando enviou uma mensagem a McMaster, dizendo que ele já tinha ido longe demais e lembrando que ele não deveria avançar além de setenta a leste. McMaster respondeu: "Diga-lhes que lamento", e prosseguiu.

Refletindo sobre essa decisão, 25 anos depois, McMaster ainda acha que fez a escolha certa. Logo depois de setenta a leste, eles surpreenderam e derrotaram outra força de reserva iraquiana que se preparava para a batalha. Se tivessem parado três quilômetros antes, conforme as instruções, os iraquianos talvez os tivessem reconhecido e lançado um contra-ataque exitoso. McMaster explicou a decisão dele, em um relato minucioso da batalha:

Se houvéssemos estacionado, teríamos prejudicado o efeito surpresa que infligimos no inimigo. Se tivéssemos interrompido o avanço, teríamos dado ao inimigo, mais a leste, a oportunidade de organizar uma ofensiva contra nossas forças e teríamos sido alvos estacionários, em vez da força em movimento que havíamos sido até aquela altura. Estávamos em vantagem, e tínhamos de terminar a batalha rapidamente. Reforçaríamos o ataque até que o inimigo fosse destruído ou se rendesse.[3]

E, assim, continuaram pressionando, para conseguir outras vitórias. Pouco depois das 16h40, eles finalmente pararam, um pouco aquém de 75 a leste, onde a luta cessou.

A Tropa de Águia não sofreu baixas* e derrotou todo um batalhão dos melhores soldados iraquianos, força muito maior, com mais de dez vezes o número de tanques. Esse embate, em especial aqueles 23 minutos críticos, ficou conhecido como Batalha de 73 Easting, uma das vitórias mais decisivas na Guerra do Golfo.

Apesar do julgamento instantâneo e da vitória espantosa, nem todos estavam satisfeitos com McMaster. Avançar alguns quilômetros além do limite, no calor da batalha, talvez não pareça muita coisa; entretanto, no meio militar, cumprir ordens ao pé da letra é importante. McMaster me disse[4] que foi repreendido pelos superiores porque "arriscou a vida dos soldados de maneira temerária". A decisão talvez o tenha tornado herói para algumas pessoas. No entanto, essa e outras decisões semelhantes, ao longo da carreira, possivelmente retardaram sua escalada nas fileiras militares. Embora McMaster tenha sido muito bem-sucedido como militar, chegando, finalmente, a general de três estrelas, sua natureza franca e objetiva talvez o tenha impedido de alcançar a cobiçada quarta estrela.

Batalhas como a de 73 Easting mudaram a maneira como o Pentágono encara a guerra. Para muitos oficiais de alto escalão, ela demonstrou que os Estados Unidos têm as Forças Armadas mais poderosas e mais bem equipadas do mundo. Nos anos seguintes à Guerra do Golfo, desenvolveu-se uma escola de pensamento dominante: essa nova doutrina assume que a superioridade tecnológica dos Estados Unidos pode eliminar o risco do estado de guerra. Em meados da década de 1990, o almirante William Owens, vice-chairman do Estado-Maior Conjunto dos Estados Unidos, disse, em várias ocasiões, que a tecnologia poderia capacitar as Forças Armadas dos Estados Unidos a levantar a "névoa da guerra".[5] McMaster lembra-se de pessoas no Pentágono afirmando que as Forças Armadas americanas eram tão fortes que nenhum país

---

* A Tropa Fantasma, do 2º Esquadrão, sofreu uma baixa.

INCERTEZA: SOB A NÉVOA DA GUERRA

ousaria desafiá-las. E foi adiante, dizendo que até ouviu oficiais de alta patente usar uma analogia de mercado: "Há quem afirme que aumentamos tanto os custos que expulsamos do mercado outros exércitos".

Graças às novas tecnologias e ao fim da Guerra Fria, os militares imaginam que seria possível reduzir seu aparato e centralizar o poder nos níveis mais altos do comando. Em consequência, os Estados Unidos encolheram suas Forças Armadas.

Considerando a liderança que exerceu nessa batalha notável, algo que influenciou a estratégia militar dos Estados Unidos na década seguinte, o que McMaster fez depois da Guerra do Golfo torna-se ainda mais extraordinário. Mesmo em serviço ativo, ele foi para a Universidade da Carolina do Norte, em Chapel Hill, fazer o ph.D. em história, doutorando-se com uma tese sobre a Guerra do Vietnã. Nesse trabalho, ele focou nos civis do Pentágono, que pressionaram os Estados Unidos a entrar em guerra contra o país com base em dados e em modelos de risco que não consideravam a complexidade política e social da situação. Enquanto isso, os generais receavam falar sobre a realidade do que estava acontecendo nos campos de batalha. McMaster depois publicou sua tese como um livro de sucesso, adequadamente intitulado *Dereliction of Duty: Lyndon Johnson, Robert McNamara, the Joint Chiefs of Staff, and the Lies That Led to Vietnam* [Deserção do dever: Lyndon Johnson, Robert McNamara, o Estado-Maior Conjunto e as mentiras que levaram ao Vietnã].

Unknown unknowns [desconhecimentos desconhecidos]

Ainda que a maioria das pessoas dificilmente venha a participar de combates militares na vida, ainda podemos aprender com a experiência de McMaster nos campos de batalha e nos preparar melhor para o que não percebemos a caminho. Na maioria das vezes, lidamos com interações mais seguras e menos arriscadas, embora, não raro, ainda emocionais e imprevisíveis: negociar com a família sobre onde passar as férias, pedir ao chefe um aumento de salário, ou ter de lutar por um cliente lucrativo com um colega tóxico. Em qualquer dessas situações, conseguir o que queremos — alguns dias de descontração e diversão, o aumento salarial, o cliente lucrativo — envolve assumir riscos em uma situação com alta carga emocional, em que nosso planejamento de riscos racional e ponderado não pode prever exatamente como as coisas evoluirão.

Ao enfrentarmos essas interações, até a melhor estratégia de gestão de riscos pode ser insuficiente, porque o mundo e os humanos são por natureza incertos. Os modelos de risco são valiosos, mas podem desandar se assumirmos que o imprevisível se tornou de todo previsível. Suponha que você decida se arriscar e pedir um aumento de salário ao chefe. Se você partir da premissa de que é insubstituível, talvez até ameace pedir demissão. E é até possível que você seja mesmo inestimável, mas, se prosseguir, sem saber de alguma informação confidencial, por exemplo, que a empresa está enfrentando dificuldades financeiras e até pensando em demitir pessoal, ou, se o chefe estiver num dia ruim, você talvez seja mesmo demitido, porque não previu essas situações em seu cálculo de risco.

No entanto, o fato de nossas estimativas não serem perfeitas não justifica desistir de toda a gestão de riscos. Usar bem as ferramentas de risco exige manter-se atento às suas limitações. Se as ferramentas forem eficazes em 90% ou até em 10% das vezes, é melhor do que não fazer nada (embora miremos o extremo superior, não o inferior). Aprender a mensurar e a gerenciar riscos foi um dos maiores avanços das épocas do Renascimento e do Iluminismo, libertando os humanos da superstição e pavimentando o caminho para muitos dos avanços de que desfrutamos hoje. Portanto, em vez de rejeitar a gestão de riscos, vamos compreender como usá-la melhor, embora reconhecendo a incerteza — e aprendendo com um mestre a manejá-la melhor.

McMaster passou a carreira lidando e escrevendo sobre os elementos mais imprevisíveis do estado de guerra. Ele parece uma versão mais jovem e menor de Dennis Hof, do Moonlite BunnyRanch, do capítulo 1. Fala rápido, com voz rouca e estrondosa. Franco e objetivo, além de extremamente intelectual, muitas vezes se destacou, para o bem ou para o mal, na rígida estrutura militar. Tem a mente afiada de um professor de história presa ao corpo de um general imponente. As conversas com

INCERTEZA: SOB A NÉVOA DA GUERRA

ele são salpicadas de citações de filósofos gregos e de muitas recomendações de livros.

Exatamente como um professor, ele me passou atribuições de leitura e me instruiu para voltar a ele com anotações.

Conversamos poucas semanas antes de ele ser nomeado assessor de segurança nacional do presidente Trump. Naquela época, ele estava numa encruzilhada, pensando em deixar as Forças Armadas, depois de toda uma vida de serviços. Acabou resolvendo servir ao país por mais um ano, no governo Trump, e continuar nas Forças Armadas durante esse período. Ele chama esse ano na Casa Branca de "ano de bônus" de sua histórica carreira militar.

Em comparação com a liderança de pessoas em combate, foi um tipo de risco muito diferente. Semanas antes de assumir o cargo, ele me explicou os perigos do planejamento de riscos na guerra. Ele disse: "Se tentar planejar tudo e achar que tem muitas certezas, você criará vulnerabilidades. Se insistir muito em prever tudo o que pode acontecer e passar do domínio da certeza para a incerteza, você introduzirá vulnerabilidades na sua força".

Esse insight é uma boa regra prática para lidar com riscos, não só nas Forças Armadas — onde as limitações da gestão de riscos são notórias —, mas em tudo na vida. Ao deixarmos um emprego em que nos sentíamos bem, de mudança para uma nova cidade ou assumindo novos desafios, nunca podemos antecipar tudo o que pode dar errado ou dar certo, e, se acharmos que isso é possível, preparamos o cenário para o fracasso.

Nenhuma instituição dedica mais tempo e energia ao planejamento de riscos do que as Forças Armadas. Os militares usam modelos e técnicas para reduzir o risco em todos os níveis da guerra — equipamentos necessários, tamanho das tropas e alvos em que mirar. A área da engenharia conhecida como pesquisa operacional foi desenvolvida especificamente para as Forças Armadas. Como disciplina, a pesquisa operacional aborda o risco da mesma maneira que as finanças, primeiro definindo o objetivo e, então, descobrindo o meio mais eficaz para alcançá-lo, ao mesmo tempo que minimiza o risco negativo.[6]

Todo esse planejamento se destina a reduzir o risco, mas a guerra, mesmo com toda a tecnologia de redução de riscos, sempre será imprevisível. A única coisa que se pode ter como certa é que o inesperado ocorrerá. O general e filósofo de guerra Carl von Clausewitz[7] identificou vários fatores que tornam a guerra, por natureza, incerta e imprevisível: a "política" da guerra, a dimensão humana da guerra, a complexidade da guerra, e as interações e a não linearidade da guerra.

Você pode tentar preparar-se para todos os rumos possíveis de uma batalha e contar com a melhor tecnologia existente, o que lhe confere enorme vantagem, mas a guerra é um confronto de vontades, e é impossível saber como o inimigo reagirá.

Às vezes, as Forças Armadas se defrontam com um inimigo mais forte e mais resiliente do que o suposto; outras vezes, uma tempestade de areia inusitada oferece vantagens a serem exploradas. Planejar de maneira que os soldados estejam preparados para o combate, mas mantenham flexibilidade suficiente para tomar decisões de batalha no momento exato, é um dilema enfrentado por quaisquer Forças Armadas. O modo como promovem esse equilíbrio explica muitos de seus sucessos e fracassos no campo de batalha.

Fadados a repetir a história porque geralmente não enxergamos a incerteza

O planejamento de riscos pode acalentar-nos no falso conforto de que estamos totalmente preparados para qualquer possibilidade. É uma narrativa sedutora, porque queremos acreditar que o futuro está sob controle. O primeiro passo para lidar com a incerteza é aceitar o fato de que, por mais que planejemos, que debrucemos sobre os dados e nos seguremos contra tudo, ainda deparamos com alguma incerteza. Podemos reduzir a incerteza, mas nunca eliminá-la. Essa é a lição difícil a ser absorvida, a que derrubou muitas campanhas militares.

Podemos argumentar que as Forças Armadas combateram em guerras anteriores — que o planejamento para a Guerra do Iraque se baseou no que aconteceu no Vietnã. Essa afirmação, todavia, é excesso de simplificação; de acordo com o historiador Williamson Murray, as organizações militares aprendem as lições que querem aprender:

INCERTEZA: SOB A NÉVOA DA GUERRA

O fato é que as organizações militares, em grande medida, estudam o que as deixa satisfeitas consigo mesmas, não os ensinamentos incômodos dos conflitos do passado. O resultado é que, em regra, as Forças Armadas precisam reaprender em combate — e, quase sempre, a alto custo — lições que eram ostensivamente flagrantes ao fim do conflito anterior.[8]

Essa situação era notória no rastro da Guerra do Golfo. Foi o que deflagrou a Revolução em Assuntos Militares, filosofia segundo a qual as novas tecnologias eram tão poderosas que poderiam reduzir, ou até eliminar, grande parte do risco do estado de guerra. Essa Revolução em Assuntos Militares permeou o Pentágono; justificou o encolhimento das Forças Armadas em organizações menores, mais leves e mais eficientes. As guerras futuras foram planejadas com base na premissa de que a tecnologia poderia tornar as batalhas mais rápidas e baratas, sem incorrer em tantas baixas americanas.

Essa, porém, foi apenas uma das lições possíveis da Guerra do Golfo, por mais convincente que fosse. A guerra é horrível, a pior coisa que os homens fazem. As pessoas morrem em condições terríveis, e, às vezes, nada se resolve, não obstante todos os sacrifícios. A guerra também é imprevisível, e assumir riscos é a única maneira de vencer. É natural aceitar a ideia de que é possível obter todos os benefícios da guerra — hegemonia global ou fortuna imensurável — e reduzir os custos acachapantes. Mas essa é a lição errada. O ensinamento certo é a imprevisibilidade do inimigo. Melhor é estudar as pequenas decisões de oficiais como McMaster, que soube lidar com as surpresas no campo de batalha.

A história está apinhada de impérios que caíram depois de cometer esse erro. No rescaldo da Primeira Guerra Mundial, a doutrina militar e a cultura institucional da França se desenvolveram de maneira semelhante à das Forças Armadas americanas, depois da Guerra do Golfo. Os franceses se convenceram de que as novas tecnologias — tanques e aviões — poderiam reduzir os riscos do estado de guerra, e centralizaram o comando nos mais altos níveis.

O coronel israelense Meir Finkel argumenta que a queda da França na Segunda Guerra Mundial foi consequência da rigidez na abordagem da batalha. Os movimentos das tropas eram quase completamente ensaiados de antemão, com base na suposição de que as batalhas haviam ficado mais previsíveis. Hitler observou esse viés e instruiu seus generais a "operar e executar com rapidez, algo que não é fácil para os franceses sistemáticos e para os ingleses ponderados".[9]

Ao contrário das forças francesas, que entraram em batalha com comandos rígidos, de cima para baixo, os alemães foram treinados para improvisar e manobrar. Os franceses se surpreenderam com o inimigo alemão, mais rápido e mais ágil. Os alemães tomaram a França em não mais que poucas semanas.

McMaster chamou essa crença de que a tecnologia pode eliminar o risco do estado de guerra e torná-lo rápido e barato de "falácia do vampiro", porque simplesmente não morre. É fácil compreender por que os militares, ou, de resto, qualquer um de nós, se deixam seduzir pela ideia de que podemos eliminar a incerteza. A incerteza nos deixa desconfortáveis, e é difícil de gerenciar.

McMaster vê como indício de excesso de confiança na certeza a tendência dos militares de centralizar o poder nos mais altos níveis de comando. É assim que gostaríamos de lutar nas guerras; é relativamente mais barato e fácil. Aceitar e manejar a incerteza é mais difícil e mais oneroso. Exige muitas tropas bem treinadas e capacitadas para tomar decisões no campo de batalha, da mesma maneira como McMaster decidiu sozinho na 73 Easting.

Talvez pareça caótico e até arriscado treinar soldados para mudar os planos e ajustar as ordens na hora exata, no calor do momento. Porém, se estiver bem treinada e preparada, a linha de frente saberá quando e como agir. McMaster reitera que prática, educação e treinamento são fundamentais. Suas tropas simulam batalhas e vivenciam a cultura e a língua dos países em que vão combater. Essas experiências lhes dão confiança para tomar as decisões certas e não hesitar diante de algo inesperado. Mesmo quando as coisas não correm conforme os planos, o treinamento e o aprendizado de como trabalhar em equipe mantêm os soldados racionais nas mais estressantes circunstâncias imagináveis. O treinamento e as simulações de campos de batalha também induzem os soldados a pensar com criatividade e a se abrir e se ajustar ao andamento das situações em desacordo com as expectativas.

No entanto, é trabalhoso e dispendioso montar e manter Forças Armadas bem treinadas e maleáveis. Preparar-se para a incerteza exige a flexibilidade que McMaster descreve, e, exatamente como a gestão de riscos tradicional, a flexibilidade é desenvolvida a alto custo.

Como lidar com a incerteza

Usar mensuração e gestão de riscos ao tomar decisões, grandes ou pequenas, é como pegar uma estrada com um mapa. O mapa decerto aumenta as chances de uma jornada exitosa, mas não prevê se um caminhão esmagará o seu carro. Ainda é importante manter-se atento e prudente, redobrando o cuidado ao cruzar com qualquer veículo.

Em estado de guerra, isso significa flexibilidade, ou tropas bem preparadas e empoderadas para decidir na hora exata. Como escreve o coronel Finkel, em seu livro *On Flexibility*, "A solução para [...] o inesperado consiste não em prever a natureza do futuro campo de batalha nem em obter informações sobre os planos do inimigo para guerra próxima, *mas em ser capaz de recuperar-se com rapidez da surpresa inicial*".[10]

Para lidar com o inesperado, um exército deve desenvolver quatro elementos, argumenta Finkel, capazes de ajudá-lo a manter a flexibilidade necessária para reagir ao imprevisto. Esses princípios são eficazes tanto no estado de guerra quanto na vida cotidiana:[11]

1. Crie uma atmosfera que estimule os comandantes de linha de frente a lançar novas ideias que questionem a doutrina oficial — e que essas ideias sejam ouvidas. Os soldados devem sentir-se aptos a expressar as próprias ideias, mesmo que contrariem a sabedoria convencional e a estratégia predominante. Isso facilita uma visão equilibrada de um conflito e evita "prender-se demais a trilhas dogmáticas".
2. Perceber que as "superarmas", não importa quão impressionantes, "acabarão sendo enfrentadas por contramedidas [eficazes]". Nesse caso, as Forças Armadas precisarão de outras tecnologias.

3. Ter um sistema que encoraje o "aprendizado rápido e a circulação imediata das lições" aprendidas. Para tanto, é necessário celeridade ao compartilhar informações e interpretá-las corretamente.
4. Nomear comandantes que tenham flexibilidade mental para mudar a estratégia quando as circunstâncias mudarem. Isso exige "um ambiente que estimule o questionamento e a criatividade" e ofereça excelente treinamento. É um equilíbrio difícil — as Forças Armadas querem soldados com autonomia; porém, capacidade avançada de planejamento e organização também são fundamentais. Daí a grande importância de ter tropas bem treinadas. Quando as coisas desmoronam na batalha, é fácil perder a cabeça e entrar em pânico; por isso o treinamento e a preparação ajudam os soldados a se manterem calmos e racionais.

Podemos generalizar esse conselho para muitos aspectos da vida. No trabalho, pode ser abertura em relação aos colegas menos experientes. Mesmo que você se irrite com um millenial sabe-tudo, não raro é possível extrair sementes de sabedoria valiosa das opiniões dele ou dela. Manter a flexibilidade exige abertura mental para ideias incômodas e busca contínua de soluções, em lugares inesperados. Evidentemente, precisa-se de experiência e expertise para distinguir novas ideias boas e ruins. Quanto mais conhecermos o mercado e os riscos típicos que pululam a toda hora, mais fácil será identificar as boas ideias. A tensão é contemporizar expertise com humildade.

As lições de Finkel também são valiosas para decidir como integrar a tecnologia na vida diária. É maravilhoso estar conectado; no entanto, hackers e scammers também podem atacar-nos com a tecnologia. A sensação é a de que a toda hora criamos novas maneiras de evitá-los, e nos sentimos seguros; mas logo os delinquentes descobrem outras maneiras de entrar na nossa vida. O risco cibernético é uma fonte constante de incerteza, e é um perigo que não podemos mensurar. Tudo o que podemos fazer é manter a flexibilidade e adotar constantemente novas formas de defesa pessoal: instalar patches de software de segurança assim que estiverem disponíveis, usar autenticação em dois estágios e alterar as senhas com regularidade.

Mais importante, precisamos manter a opção de mudar o curso quando nossos planos se extraviarem e manter resiliência para concluir o movimento. Kat Cole, a garçonete que virou executiva, do capítulo 2, pode ter deixado a faculdade para trabalhar em tempo integral no Hooters, mas ela sempre manteve aberta a opção de retornar à escola presencial, fazendo cursos on-line. Ela diz que frequentemente assume riscos que não dão certo: "Não há como envolver em plástico bolha uma iniciativa e antecipar tudo o que pode dar errado". Ela, no entanto, preserva alguma flexibilidade e sempre está disposta a reconhecer quando alguma coisa não está funcionando, e muda de curso com rapidez. E salienta que isso exige ser humilde e ter abertura para as opiniões alheias.

O que todos precisamos aprender com os militares

A natureza incerta da guerra implica que ela sempre será arriscada. Até que ponto os riscos das campanhas militares justificam o custo humano é a questão que constrói e destrói impérios. E até que ponto as campanhas militares são exitosas em seus esforços decorre não só do bom planejamento, mas também da preparação para o inesperado, que é exatamente onde as Forças Armadas, e todos nós, em geral ficamos aquém dos desafios.

A ideia de que a tecnologia mais avançada é capaz de remover os riscos do estado de guerra e de converter o que é, na essência, uma iniciativa arriscada em empreendimento seguro reflete arrogância semelhante à que se constata nos mercados financeiros. Antes da crise financeira de 2008, os economistas se referiam à "Grande Moderação", a ideia de que as políticas públicas e a gestão de riscos haviam afastado o risco de crises financeiras e de recessões catastróficas. Até houve quem argumentasse que os derivativos financeiros e as estratégias de hedge, como securitização de hipotecas, tinham eliminado o risco dos mercados financeiros.

A Grande Moderação e a infalibilidade da gestão de riscos também se revelaram erradas. Uma crise financeira que poucos viram chegar quase provocou outra Grande Depressão.

Também em finanças, como na guerra, rigidez é onde as coisas dão errado. A falta de flexibilidade também explica por que a alavancagem, ou hedge negativo, é tão arriscada. Se ocorrer algo inesperado, é possível que você não tenha nenhum dinheiro, mas, ainda assim, terá de pagar a dívida. Foi o que os grandes bancos e muitas famílias fizeram. Assumir mais dívida é como centralizar o poder nas mais altas fileiras das Forças Armadas. Funciona, às vezes, mas, se alguma coisa não ocorrer conforme o esperado, você terá problemas.

É comum registrar quem previu e não previu a crise. Essa, porém, é a abordagem errada à incerteza. Ninguém sempre acerta nas previsões. Quase todo mundo que "alertou" para a crise financeira se equivocou em várias previsões subsequentes.

Em vez disso, devemos prestar atenção nos grandes tomadores de risco, os que fazem hedge, seguro, e mantêm alguma flexibilidade e resiliência, pois são os que mais têm para nos ensinar. Talvez pareça que são muito cautelosos, quando o mercado está bombando, e não assumem grandes riscos, mas, realmente, admitem que podem acontecer coisas que não anteciparam. Eles mantêm flexibilidade suficiente para lidar com as surpresas, boas e ruins.

Eles compreendem que até as melhores ferramentas, o mais eficaz planejamento de risco e as tecnologias mais avançadas não podem mudar a natureza da guerra, nem os mercados financeiros, nem o curso de nossa carreira, nem encontrar nosso parceiro. Nada que envolve comportamento humano é absolutamente previsível. As ferramentas de risco — bom planejamento, dados, diversificação, hedge e seguro — propiciam alguma certeza, mas nunca podem garantir que as pessoas não perderão dinheiro investindo nos mercados, que os surfistas não se afogarão, que guerras não serão perdidas, que não ficaremos desempregados, nem teremos grandes decepções.

McMaster, crítico franco e objetivo das limitações dos modelos de risco, ainda os usa. Ele argumenta que a melhor maneira de lidar com a incerteza é entrar na batalha preparado e educado. O processo de mensuração e gestão de riscos nos força a refletir sobre nossos objetivos, quais são os riscos, e como reduzi-los. Esse processo também nos educa sobre o que podemos esperar no campo de batalha.

INCERTEZA: SOB A NÉVOA DA GUERRA

Se você estiver pedindo um aumento e refletir sobre o que está disposto a aceitar, o que quer da sua carreira, e quanto o seu chefe tem condições de pagar, é provável que você tenha menos surpresas. Abra, então, algum espaço para ser flexível. Se você só aceitar um aumento igual ou superior a 20%, estará sendo muito rígido e ficará muito vulnerável a qualquer resposta do chefe que não corresponda às suas expectativas. Você manterá alguma flexibilidade se apresentar ao chefe algumas opções, como diferentes maneiras de expandir as suas atribuições em troca de mais dinheiro ou de mais tempo livre, pelo mesmo salário. Essa maleabilidade cria espaço para manobras e preserva o seu propósito.

A mensuração e a gestão de riscos propiciam as maneiras mais eficazes para manejar o risco e a incerteza. Todavia, como tudo o mais, se esses meios forem usados da maneira errada, criarão mais riscos, ao invés de evitá-los ou reduzi-los. A chave é explorar com eficácia essas ferramentas e estar pronto para o inesperado.

PENSAMENTOS FINAIS

PRECISAMOS ASSUMIR RISCOS para progredir na vida. Compreender o risco e saber como assumir riscos inteligentes é importante competência para a vida; e, no entanto, a ciência do risco raramente é ensinada nas escolas. Isso pode explicar por que tendemos a achar que o risco é binário: assumir ou não assumir riscos; ter ou não ter certeza, pois o futuro é totalmente incerto e imprevisível. Não admira que assumir riscos pareça opressivo e assustador.

As lições de economia financeira neste livro oferecem uma alternativa, uma abordagem ao risco mais realista e útil. A questão não é ter certeza ou não ter certeza; as chances são de que nunca se tem certeza, mas algumas situações envolvem mais risco do que outras. Quanto mais admitirmos os diferentes níveis de incerteza existentes na vida, mais seremos capazes de lidar com a incerteza e prosperar.

"Como assumir riscos mais inteligentes?" deve ser a questão, em vez de "Devo assumir riscos?". O principal ensinamento da economia financeira é que o risco é o custo que pagamos para conseguir mais. Quem assume riscos tende a conseguir mais; porém, enfrenta a possibilidade de perdas. Podemos reduzir o risco, mas tem um custo.

Essas considerações sugerem uma abordagem diferente ao risco.

Os tomadores de risco inteligentes não recuam diante de situações arriscadas. Em vez de debater-se entre assumir ou não assumir riscos, corra atrás dos seus objetivos: mensure o risco da situação e, então, assuma somente o risco necessário para alcançar o seu intento.

Saber como tomar apenas o risco suficiente aumenta as chances de nossos riscos compensarem e de progredirmos mais na vida. Essa abordagem não oferece nenhuma garantia, mas pode encorajar-nos a assumir riscos com mais frequência e partir para mais conquistas. Numa economia em rápida mutação, movida a tecnologia, que, de imediato, ameaça mudar nosso emprego e nosso estilo de vida, mas também oferece a possibilidade de muito mais, precisamos compreender o risco, como nunca antes.

Quando escrevi este livro, a parte mais fácil foi encontrar grandes tomadores de risco em lugares que não têm nada a ver com finanças tradicionais. Pessoas que são vencedoras no que fazem, seja surfando grandes ondas, espreitando celebridades ou combatendo em batalhas, gerenciando bem o seu risco. Todos somos tomadores de riscos inteligentes em pelo menos um aspecto da vida, e temos o potencial de aplicar o mesmo raciocínio em todas as nossas decisões.

Podemos fazê-lo compreendendo a ciência por trás do risco: como definir o risco, como mensurá-lo, como identificar o tipo de risco que enfrentamos, e como gerenciá-lo. A economia financeira é a ciência do risco, e ela fornece uma estrutura para nos ajudar a compreender o que faz um bom risco, que deve ser assumido.

Depois de sabermos o que funciona e por quê, podemos aplicar nossa estratégia de tomada de riscos a qualquer decisão. Até investir para a aposentadoria ou chegar ao aeroporto fica mais fácil e menos opressivo.

Use as ferramentas, assuma mais riscos, e se prepare para o inesperado.

AGRADECIMENTOS

Arregimentei um exército de pessoas solidárias, generosas e pacientes para escrever este livro. Primeiro, devo agradecer a Robert C. Merton, que me inspirou a escrevê-lo, me ajudou a desenhar a estrutura e me forneceu comentários úteis sobre os capítulos. Ele me lembrou do que é risco: tudo o que não é livre de risco.

Sou grata a todas as pessoas que entrevistei e descrevi neste livro. Suas histórias é que tornaram este livro possível. Elas assumiram o risco de me deixarem contar a história da sua vida. Espero que o tenha feito com justiça.

Também tive o apoio de uma pequena força de leitores, especialmente Robin Epstein e Jason Levine, que leram sucessivos rascunhos de todos os capítulos e me forneceram feedback inestimável. Recebi sugestões muito proveitosas de Emily Rueb, Stacey Vanick-Smith, Peter Hancock, Chris Wiggins, Lisa Cowen, Byron Rogers, Kodjo Apedjinou, Praveen Korapaty, Jenna Reinen, Hal Vogel, Ross Fermer, David Pullman, Jill Stowe, Brandon Archuleta e Peyo Lizarazu.

A maioria dos tópicos deste livro era nova para mim. Tive a ideia louca de que a economia financeira pode explicar qualquer mercado, mas, primeiro, tinha de aprender sobre esses mercados. Para tanto, quase sempre exigiu minha imersão em uma subcultura totalmente nova, às vezes reservada. Isso não teria sido possível sem um pelotão de especialistas, que foram muito gentis ao passar horas me explicando como tudo aquilo funcionava e me apresentar às pessoas certas.

Sou grata a Jeremy Lemur por programar todas as minhas entrevistas nos bordéis de Hof. A Dennis Hof por soltar-me as rédeas em seus bordéis — quem dera você estivesse vivo para ler este livro — e a madame Suzette, por encorajar as mulheres a conversar comigo. Devo agradecimentos especiais a Farrah Banks, Cassandra Claire e Ruby Rae. Obrigada também a Scott Cunningham pela ajuda com os dados.

Jon Sloss, Ross Fermer e David Shaheen e toda a equipe do JP Morgan tornaram possível o capítulo sobre cinema. Devo agradecer também a Dan Goldstein e Jenna Reinen talvez: por explicarem a mim, uma fundamentalista dos mercados eficientes, por que a economia comportamental é tão importante. E um enorme obrigada a Mike Naft e Osi Gerald, por compartilharem suas histórias e me apresentarem a todos na Fortune Society.

Agradeço muito a todas as pessoas que me acolheram no Kentucky, que me dispensaram tanta atenção e me explicaram os segredos da indústria: Frank Mitchell, Emmeline Hill (na Irlanda), Grant Williamson, Bernie Sams, David Lambert e Ed DeRosa.

Meu muito obrigada à equipe da Carnival, que transcreveu minhas duas horas e meia de entrevista com Arnold Donald. Não sei seus nomes, mas serei eternamente grata.

Também transmito minha gratidão a Mark Healey e a todos da Conferência de Segurança do Grupo de Avaliação de Risco de Grandes Ondas, sobretudo a Ian Masterson e Liam Wilmot, que me receberam com tanta hospitalidade. Tenho uma dívida de gratidão para com Chris Cough; quando o procurei por conta própria, sem nenhuma recomendação, e disse que estava escrevendo um livro sobre finanças e queria entrevistar surfistas, ele não hesitou nem sequer um momento e disse: "Você fez a ligação certa". Naquele momento, concluí que o capítulo ficaria bom.

Muito obrigada a Max Boot, por apresentar-me ao general H. R. McMaster, e a Kevin Kawasaki, por explicar-me como o Exército gerencia riscos.

200

AGRADECIMENTOS

E muitos agradecimentos a Kevin Delany, Lauren Brown, Jason Karaian, e Kabir Chibir, de Quartz. Kevin, você assumiu riscos e acreditou em mim. Você me deu a oportunidade e a plataforma para explorar os mercados Quartzy, o que possibilitou que eu me desenvolvesse como escritora e economista. Precisei desse empurrão para decolar.

Meus mais profundos agradecimentos a Stephanie Frerich e a todos da Portfolio, especialmente Bria e Rebecca, que imediatamente entenderam este livro e o amaram tanto quanto eu. Suas edições tornaram este livro tudo o que ele é. Maureen Clark, suas edições de copidesque foram fenomenais; obrigada por todo o cuidado e atenção, e por me fazer parecer muito melhor escritora do que sou. Grandes agradecimentos também a meu agente, Mel Flashman, que tornou esse processo muito mais divertido.

Enormes agradecimentos e desculpas a quem, por acaso, eu tenha deixado passar; estou certa de que há muita gente nessa situação.

E, finalmente, devo tudo a minha família maravilhosa e solidária — minha mãe, meu pai, Steve, Terry, Josh, Staci e Dakota. Vocês nunca questionaram as minhas escolhas na vida. Vocês me deram a mão em cada minuto da pós-graduação. Permaneceram incansáveis em seu apoio, mesmo quando fiz coisas muito estranhas com a minha formação. Vocês permitiram que eu me sentisse segura o bastante para assumir riscos.

NOTAS

1. INTRODUÇÃO AO RISCO [pp. 7-25]

1   D. D. Brewer et al., "Extent, Trends, and Perpetrators of Prostitution- Related Homicide in the United States,". *Journal of Forensic Sciences*, v. 51, n. 5 (setembro de 2006), pp. 1101-8.

2   Rolf Skjong, "Etymology of Risk: Classical Greek Origin — Nautical Expression — Metaphor for 'Difficulty to Avoid in the Sea'", 25 de fevereiro de 2005, <http://research.dnv.com/skj/Papers/ETYMOLOGYOFRISK.pdf>.

3   Os dados foram extraídos da internet por um pesquisador que quer permanecer anônimo e foi bastante generoso por compartilhá-los comigo.

4   Steven Levitt e Sudhir Venkatesh, "An Empirical Analysis of Street-Level Prostitution", manuscrito inédito, 2007, <http://international.ucla.edu/institute/article/85677>.

5   Paul Gertier, Manisha Shah, e Stefano M. Bertozzi, "Risky Business: The Market for Unprotected Commercial Sex,". *Journal of Political Economy* ,113, n. 3 (junho de 2005), pp. 518-50.

6   Frank Knight, *Risk, Uncertainty, and Profit* (Boston: Houghton Mifflin Co., 1921).

2. RECOMPENSA [pp. 27-38]

1   De entrevistas com Cole em 2016 e 2017.

VIVER COM RISCO

4. MENSURAÇÃO DO RISCO [pp. 48-65]

1   Chris Jones, "Ryan Kavanaugh Uses Math to Make Movies". *Esquire*, 19 de novembro de 2009,<https://www.esquire.com/news-politics/a6641/ryan- kavanaugh-1209/>.

2   Connie Bruck, "Cashier du Cinema". *New Yorker*, 8 de outubro de 2012, <https://www.newyorker.com/magazine/2012/10/08/cashierducinema>.

3   Peter Bernstein, *Against the Gods: The Remarkable Story of Risk* (Hoboken, NJ: John Wiley & Sons, 1996).

4   Eugene Fama, "The Behavior of Stock-Market Prices". *Journal of Business*, v. 38, n. 1 (janeiro de 1965), pp. 34-105.

5   Dados de Information Services, <http://nashinfoservices.com/>.

6   Arthur De Vany e W. David Walls, "Uncertainty in the Movie Industry: Does Star Power Reduce the Terror of the Box Office?". *Journal of Cultural Economics*, v. 23, n. 4 (novembro de 1999), pp. 285-318.

7   Estimativa baseada em dados de Nash Information Services.

8   Alex Ben Block, "Ryan Kavanaugh's Secret to Success,". *Hollywood Reporter*, 29 de setembro de 2010, <https://www.hollywoodreporter.com/news/ryan-kavanaughs-secret--success-28540>.

9   Tatiana Siegal, "Gun Hill Slate a Sound Investment". *Variety*, 14 de outubro de 2007, https://variety.com/2007/film/markets-festivals/gun-hill-slateasound-investment-1117974039/>.

10 Benjamin Wallace, "The Epic Fail of Hollywood's Hottest Algorithm". *New York Magazine*, 25 de janeiro de 2016, <http://www.vulture.com/2016/01/relativity-media-ryan--kavanaughcvr.html>.

11 Ben Fritz, *The Big Picture: The Fight for the Future of Movies* (Nova York: Houghton Mifflin, 2018).

12 De entrevistas com Shaheen e equipe no JPMorgan.

5. DIFERENTES TIPOS DE RISCO [pp. 66-80]

1   William F. Sharpe, "Capital Asset Prices: A Theory of Market Equilibrium Under Conditions of Risk". *Journal of Finance*, v. 19, n. 3 (setembro de 1964), pp. 425-42.

2   Fatih Guvenen, Sam Schulhofer- Wohl, Jae Song, e Motohiro Yogo, "Worker Betas: Five Facts About Systematic Earnings Risk". *American Economic Review*, 107, n. 5 (maio de 2017), pp. 398-403.

3   Craig Copeland, "Employee Tenure Trends: 1983-2016". *Employee Benefit Research Institute Notes*, v. 38, n. 9 (20 de setembro de 2017), <https://www.ebri.org/publications/notes/index.cfm?fa=notesDisp&content_id= 3497>.

NOTAS

6. TEORIA DA PERSPECTIVA [pp. 82-96]

1   Phil Hellmuth, *Poker Brat: Phil Hellmuth's Autobiography* (East Sussex, England: D&B Publishing, 2017), p. 248.

2   Richard Thaler e Eric Johnson, "Gambling with the House Money and Trying to Break Even: The Effects of Prior Outcomes on Risky Choice". *Management Science*, 36, n. 6 (junho de 1990), pp. 643-60.

3   Gary Smith, Michael Levere e Robert Kurtzman, "Poker Player Behavior After Big Wins and Big Losses". *Management Science*, 55, n. 9 (setembro de 2009), pp. 1547-55.

4   David Eil e Jaimie W. Lien, "Staying Ahead and Getting Even: Risk Attitudes of Experienced Poker Players". *Games and Economic Behavior*, v. 87 (setembro de 2014), pp. 50-69.

5   Joshua D. Coval e Tyler Shumway, "Do Behavioral Biases Affect Prices?". *Journal of Finance*, v. 60, n. 1 (fevereiro de 2005), pp. 1-34.

6   Nicholas Barberis e Wei Xiong, "What Drives the Disposition Effect? An Analysis of a Long-Standing Preference-Based Explanation". *Journal of Finance*, v. 64, n. 2 (abril de 2009), pp. 751-84, julho de 2006.

7   John List, "Does Market Experience Eliminate Market Anomalies?". *Quarterly Journal of Economics*, v. 118, n. 1 (fevereiro de 2003), pp. 41-71.

7. MÁ INTERPRETAÇÃO DO RISCO [pp. 97-108]

1   Barry Meier, "Crazy Eddie's Insane Odyssey". *New York Times*, 19 de julho de 1992, <https://www.nytimes.com/1992/07/19/business/crazy-eddiesinsane-odyssey.html>.

2   Meier.

3   Meier.

4   Stephen Labaton, "S.E.C. Files Fraud Case on Retailer". *New York Times*, 7 de setembro de 1989, <https://www.nytimes.com/1989/09/07/business/sec-files-fraud-caseonretailer.html>.

5   Gerd Gigerenzer, "Dread Risk, September 11, and Fatal Traffic Accidents". *Psychological Science*, v. 15, n. 4 (abril de 2004), pp. 286-7.

6   Thomas A. Loughran, Greg Pogarsky, Alex R. Piquero, e Raymond Paternoster, "Reexamining the Functional Form of the Certainty Effect in Deterrence Theory". *Justice Quarterly*, v. 29, n. 5 (2012), pp. 712-41.

7   Paul Slovic, "Trust, Emotion, Sex, Politics, and Science: Surveying the Risk-Assessment Battlefield". *Risk Analysis*, v. 19, n. 4 (agosto de 1999), pp. 689-701.

8   Justin McCrary e Aaron Chalfin, "Criminal Deterrence: A Review of the Literature". *Journal of Economic Literature*, v. 55, n. 1 (março de 2017), pp. 5-48.

9   Jonathan Klick e Alexander T. Tabarrok, "Using Terror Alert Levels to Estimate the Effect of Police on Crime". *Journal of Law and Economics*, v. 48, n. 1 (abril de 2005), pp. 267-79.

VIVER COM RISCO

10 Brendan O'Flaherty, *The Economics of Race in the United States* (Cambridge, MA: Harvard University Press, 2015), pp. 362-6.

11 Gerd Gigerenzer, "Making Sense of Health Statistics". *Bulletin of the World Health Organization*, v. 87, n. 8 (agosto de 2009), p. 567.

12 Gerd Gigerenzer, *Reckoning with Risk: Learning to Live with Uncertainty* (Nova York: Penguin, 2002).

8. DIVERSIFICAÇÃO [pp. 110-27]

1 Jill Stowe e Emily Plant, "Is Moneyball Relevant on the Racetrack? A New Approach to Evaluating Future Racehorses". *Journal of Sports Economics*, <http://journals.sagepub.com/doi/full/10.1177/1527002518777977>.

2 Jockey Club *Foal Crop* 2018n, <http://www.jockeyclub.com/default.asp?section=FB&area=2>.

3 Devie Poerwanto e Jill Stowe, "The Relationship Between Sire Representation and Average Yearling Prices in the Thoroughbred Industry". *Journal of Agribusiness*, v. 28, n. 1 (primavera 2010), pp. 61-74.

4 E. W. Hill, J. Gu, S. S. Eivers, R. G. Fonseca, B. A. McGivney, P. Govindarajan, et al. "A Sequence Polymorphism in *MSTN* Predicts Sprinting Ability and Racing Stamina in Thoroughbred Horses". *PLoS ONE*, v. 5, n. 1 (janeiro de 2010), p. e8645.

5 M. M. Binns et al., "Inbreeding in the Thoroughbred Horse". *Animal Genetics*, v. 43, n. 3 (junho de 2012), pp. 340-42.

6 De entrevista com Binns.

7 Terry Conway, "Northern Dancer: The Patriarch Stallion". *America's Best Racing*, 18 de setembro de 2017, <www.americasbestracing.net/the-sport/2017-northern-dancer-the--patriarch-stallion>.

8 De estudo inédito de David L. Dink.

9 Mim A. Bower et al., "The Genetic Origin and History of Speed in the Thoroughbred Racehorse". *Nature Communications*, v. 3 (2012), artigo número 643.

10 Patrick Sharman e Alastair J. Wilson, "Racehorses Are Getting Faster". *Biology Letters*, v. 11, n. 6 (junho de 2015), pp. 1-5.

11 Mark W. Denny, "Limits to Running Speed in Dogs, Horses and Humans". *Journal of Experimental Biology*, v. 211 (dezembro de 2008), pp. 3836-49.

12 Estimativa baseada em dados do Survey of Consumer Finances do Federal Reserve Board de 2016, <https://www.federalreserve.gov/econres/scfindex.htm>.

13 Peter Bernstein, *Capital Ideas: The Improbable Origins of Modern Wall Street* (Hoboken, NJ: John Wiley & Sons, 2005), p. 57.

14 Eugene Fama e Kenneth French, "Luck Versus Skill in the Cross-Section of Mutual Fund Returns". *Journal of Finance*, v. 65, n. 5 (outubro de 2010), pp. 1915-47.

15 De entrevistas com dr. Lambert.

16 Baseado em entrevistas com Rogers.

17 Baseado em entrevistas com Hill.

NOTAS

9. REDUÇÃO DE RISCOS [pp. 129-44]

1 Tony Munoz, "Arnold Donald, President & CEO, Carnival Corporation & plc". *Maritime Executive*, janeiro/fevereiro de 2017, <https://www.maritime-executive.com/magazine/arnold-donald-president--ceo-carnival-corporation-plc>.

2 Aliya Ram, "Arnold Donald: 'It Stopped Working Because the World Changed'". *Financial Times*, 8 de janeiro de 2017, <https://www.ft.com/content/3201e790-9abd-11e6-b-8c6-568a43813464>.

3 Heather Cole, "Arnold Donald's Sweet Deal". *St. Louis Business Journal*, 13 de maio de 2004, <https://www.bizjournals.com/stlouis/stories/2004/05/17/story1.html>.

4 Ram, "Arnold Donald".

5 Jon Pareles, "David Bowie, 21st Century Entrepreneur". *New York Times*, 9 de junho de 2002.

6 De entrevista com Pullman.

7 Chabeli Herrera, "How Carnival Revolutionized Its Guest Experience with Super Smart Tech". *Miami Herald*, 8 de janeiro de 2017, <www.miamiherald.com/news/business/tourism-cruises/article125317259.html>.

8 Allison Schrager, "Can Carnival Possibly Make a Cruise with Thousands of Passengers Feel Personable?". *Quartz*, 18 de abril de 2018, <https://qz.com/1194838/carnival-ocean-medallionadisney-magicband-for-cruises>.

10. SEGUROS [pp. 145-61]

1 Fischer Black, Myron Scholes, "The Pricing of Options and Corporate Liabilities". *Journal of Political Economy*, v. 81, n. 3 (maio/junho de 1973), pp. 637-54.

2 Robert Merton, "Theory of Rational Option Pricing". *Bell Journal of Economics and Management Science*, v. 4, n. 1 (primavera 1973), pp. 141-83.

3 Ver "A Brief History of Options", Ally Invest Options Playbook, <www.optionsplaybook.com/options-introduction/stock-option-history>.

4 Chicago Board Options Exchange, *Annual Market Statistics*, <http://www.cboe.com/data/historical-options-data/annual-market-statistics>.

5 Michael Mueller- mith, "The Criminal and Labor Market Impacts of Incarceration" (trabalho inédito, 2015), <https://sites.lsa.umich.edu/mgms/wpcontent/uploads/sites/283/2015/09/incar.pdf>.

11. RISCOS MORAIS [pp. 162-77]

1 Greg Long, "Greg Long Recounts Almost Drowning". *Surfing Magazine*, 1º de outubro de 2014, <https://www.surfer.com/surfing-magazine-archive/surfing-video/greg-long--drowning/>.

VIVER COM RISCO

2   História da família e descoberta dos jet skis como dispositivo de segurança, de entrevistas com Brian Keaulana.

3   "The Effects of Automobile Safety Regulation". *Journal of Political Economy*, v. 83, n. 4 (agosto de 1975), pp. 677-726.

4   The President's Working Group on Financial Markets, "Hedge Funds, Leverage, and the Lessons of Long-Term Capital Management", abril de 1999, <https://www.treasury.gov/resource-center/fin-mkts/Documents/hedgfund.pdf>.

5   William N. Goetzmann, *Money Changes Everything: How Finance Made Civilization Possible* (Princeton, NJ: Princeton University Press, 2017).

6   National Highway Traffic Safety Administration, "Summary of Motor Vehicle Crashes", agosto de 2018, DOT HS 812 580.

REGRA 5: A INCERTEZA ACONTECE [p. 178]

1   Frank Knight, *Risk, Uncertainty, and Profit* (Boston: Houghton Mifflin Co., 1921).

12. INCERTEZA [pp. 179-95]

1   H. R. McMaster, "Battle of 73 Easting" (manuscrito disponível em the Donovan Research Library, Fort Benning, GA): 8, <www.benning.army.mil/library/content/Virtual/Donovanpapers/other/73Easting.pdf>.

2   McMaster, pp. 12-3.

3   McMaster, pp. 20-1.

4   De entrevista com McMaster.

5   Peter Grier, "Preparing for 21st Century Information War". *Government Executive*, v. 8, n. 27 (agosto de 1995), p. 130. Williamson Murray, "Clausewitz Out, Computer In: Military Culture and Technological Hubris". *National Interest*, 1º de junho de 1997, <https://www.clausewitz.com/readings/Clause&Computers.htm>.

6   Coronel Arthur F. Lykke Jr., "Defining Military Strategy". *Military Review*, v. 69, n. 5 (maio de 1989), pp. 2-8.

7   Carl von Clausewitz, *On War*, ed. e trad. Michael Howard e Peter Paret (1976; reimpressão, Princeton, NJ: Princeton University Press, 1989).

8   Williamson Murray, "Thinking About Innovation". *Naval War College Review*, v. 54, n. 2 (primavera 2001), pp. 122-3.

9   Meir Finkel, *On Flexibility: Recovery from Technological and Doctrinal Surprise on the Battlefield* (Stanford, CA: Stanford Security Studies, 2011), p. 206.

10 Finkel, p. 2. Itálicos no original.

11 Finkel, pp. 1-17.

ÍNDICE REMISSIVO

As páginas indicadas em *itálico* referem-se às ilustrações.

abrigo tributário alemão, 51-2

acidentes de carro, e tomada de riscos, 170

Aikau, Eddie, 169

alavancagem, 142-3, 171; índice de, *172*

Amazon, 65, 124

análise de dados (*data analytics*), 24

ansiedade econômica, 79-80

Antar, Eddie, 98-101

Antar, Sam, 99-101, 103, 105-6

anuidades vitalícias (pagamentos periódicos contínuos), 45-7, 159

Apple, 120, 124

"aprendizado rápido", 192

Aristóteles, 97, 153

assimetria, 58-9

assumir risco *ver* tomada de risco

autoconfiança, risco e, 95-6, 101, 190

aversão a perdas, 22, 81, 87-90, 92

aversão ao risco, 23, 81-2, 87-90

Baez, Santiago: antecedentes (formação), 68-9; espreitando celebridades com a autora, 68-9, 80; regras de ouro dos paparazzi, 69-71; riscos dos paparazzi, 69, 71, 73, 77, 135

Baldwin, Alec, 68-9, 80

bankroll (orçamento), em pôquer, 93-4

Barneys, 40, 43

Batalha de 73 Easting (Guerra do Golfo), 180-5

Bernoulli, Daniel, 87, 89

Bernoulli, Jakob, 54, 64

Bernstein, Peter, 7

Berra, Yogi, 27

beta, 74-9

Binns, Mathew, 116-8

Black, Fischer, 153-4

Black-Scholes, modelo, 154-5, 159, 161, 175

bordelnomia, 7-8, 11-8; lado da demanda, 17-8; lado da oferta, 12-6

Bowery Boys, 70n
Bowie Bonds, 140-1
Bowie, David, 138, 140-1
Branson, Richard, 129
break-even, efeito, 90
Bretton Woods, acordo, 154
Buffett, Warren, 124

cacife pessoal, em pôquer, 93-4
cafetões, 15, 18, 20
Câmara de Comércio de Chicago, 92, 154
caminho do guerreiro, O (filme), 62
capital de risco, 51, 59
capital próprio (patrimônio líquido), 50-1,
    171, 172n
Carleton College, 131
Carnival Corporation, 129, 133, 143-4
Carroll, Jerry, 98
casa própria, 36-7
casamento, objetivos, 36, 157
Cathouse (programa de televisão), 12
cavalos de corrida, criação de, 110-9, 125-7;
    diversificação genética, 125-7; endocruza-
    mento, 116-9, 125; ineficiências, 112-4; re-
    dução do risco, 114-6; *teaser*, função do, 111
Chan, Johnny, 85
Cinnabon (marca), 29-34
Claiborne Farm, 112, 115
Clausewitz, Carl von, 188
Clinton, Hillary, 63
Cole, Kat, 29-34, 35, 38, 193
Comitê sobre Segurança de Medicamentos
    do Reino Unido, 106
companhias aéreas, hedge de, 137
compartilhamento de arquivo, 139
Conferência de Segurança do Grupo de Ava-
    liação de Risco de Grandes Ondas, 166-7
conta de poupança para as férias, 34-5, 45
contratos de seguro, 158-9
controle de natalidade, 106-7
Costa Concordia (navio), 133
Crazy Eddie, história, 98-101, 103

crime, 98-106; criminosos, estratégias de
    hedge, 102; encarceramento em massa,
    105, 157; exposição ou apresentação do
    risco como dissuasor, 105-6; história da
    Crazy Eddie, 98-101, 103; probabilidades
    no, 98, 102-6
crise financeira asiática de 1997, 172
crise financeira de 2008, 74, 139, 140n, 160,
    193-4; *ver também* Grande Recessão
crise financeira russa de 1998, 172
curva de sino (*bell curve*), 55

Darley Arabian (cavalo), 116
De Vany, Arthur, 58
decisões racionais, 22, 81, 92
decisões, tomada de (processo decisório), 9,
    107-8; irracional *versus* racional, 22, 81, 92
delta de opções, 155-6
Denny, Mark, 119
Dereliction of Duty (McMaster), 185
derivativos, 153, 172, 175-7
derivativos hipotecários (*mortgage-backed
    securities*), 139-40
DeRosa, Ed, 118-9
desvio padrão *ver* volatilidade
direitos autorais de música, 138-41
Disney MagicBand, 143
Disney, Walt, 66
distribuição assimétrica, 57-9; positiva, 58-9
diversificação, 110-27, 134; benefícios da,
    119-20; em criação de cavalos de corrida,
    110-9, 125-7; teoria moderna do portfólio,
    122-4
Donald, Arnold, 129-31, 133; antecedentes,
    130, 142; esquema das balas de, 130, 142;
    hedge da carreira de, 132-3, 137; hedge
    da educação de, 131; na Carnival, 129,
    133, 137, 143-4; na Merisant, 132
doutrina militar alemã, 190
doutrina militar francesa, 189-90
Duke, Annie, 83, 94-5

ÍNDICE REMISSIVO

economia comportamental, 90, 95

economia financeira, 9, 10, 18-20, 25, 121-2, 197

Eddie (torneio de surfe), 169

efeito do excesso de confiança, 95-6, 101, 190

Eisenhower, Dwight D., 179

Eliot, T.S., 162

Elliott Management (hedge fund ou fundo multimercado), 62

encarceramento em massa, 105, 157

endocruzamento, 116-9, 125

enquadramento amplo, 95

entrevistas de emprego, 40, 42

Epagogix, 50n

Equine Analysis Systems, 116, 125

Erotic Review, 15

estabilidade no emprego, 24, 33

estatística, 53-5

esteroides em cavalos de corrida, uso de, 119

estratégias de aposentadoria, 8, 41-4; hedge, 137; livre de risco, 44-7

Facebook, 151

"falácia da diversificação do tempo", 156

"falácia do vampiro", 190

Federal Reserve de Nova York, 172

Ferguson, Sarah, duquesa de York, 68

Fermat, Pierre de, 53, 64

filmes de ação, 60, *61*

filmes de terror, 60, *61*

Finkel, Meir, 189, 191-2

Focus Brands, 29

Forever Stamps, 142-3

Fortune Society, 101-2

frequências *versus* probabilidades, 107-8, 166n

Fritz, Ben, 63

fundos de índice, 123, 125, 134

fundos de investimentos (fundo mútuo), 56, 88, 122, 124-5, 137

fundos fiduciários (*trust funds*), 44-5

Gates, Bill, 32

General Electric, 123

General Motors, 120

genética, diversificação na criação de cavalos de corrida, 125-7

genoma do cavalo, 115

"Gente como a Gente", fotos, 72-3, 77

gestão de riscos, 23, 28, 128, 178; de criminosos, 102; infalibilidade da, 193-4; na indústria cinematográfica, 49-52; no planejamento militar, 179, 188-93, 194; no surfe de grandes ondas, 163-4; *ver também* hedge; mensuração de riscos; seguro

Gigerenzer, Gerd, 107, 166n

Girlfriend Experience (Experiência de Namoro), 17-8

globalização, 24, 63

Goethe, Johann Wolfgang von, 39

Google Maps, 24, 105

graduação em economia, 40-2

"Grande Moderação", 193

Grande Recessão, 73, 161; *ver também* crise financeira de 2008

Grossman, Peter, 71-3

Guarda Republicana Iraquiana, 180-5

Guerra do Golfo, 180-5, 189

Guerra do Vietnã, 180, 185, 188

Gun Runner (cavalo), 111-3, 115, 125

Hadid, Gigi, 66-8, 74, 80

Hamilton, Laird, 169

hedge, 23, 128-44; ativos que se movimentam em direções opostas, 141; de criminosos, 102; definição, 134-5; história de Bowie, 138-41; história de Donald, 129--33, 143-4; investimento em ativos livres de risco, 136-8; negativo, 141-3, 194; no pôquer, 94; no trabalho do bordel, 16; seguro comparado com, 149; surfe de grandes ondas, 166

hedge, fundos de (fundos multimercados), 52, 61-2, 171

"hedgeamos nossas apostas", 134

211

Hellmuth, Phil, 82-5, 93-6; antecedentes, 84--5; chiliques no pôquer, 83; estilo no jogo de pôquer, 83-6, 90-1; teoria da perspectiva e, 88-9, 92; tomada de riscos, 93-6

Hewlett-Packard, 120

Hill, Emmeline, 115, 127

Hilton, Paris, 69

Hitler, Adolf, 190

Hof, Dennis, 11, 14, 16, 18, 186

Hollywood, 48-65; como terra dos modelos de risco quebrados, 49-52; convertendo dados em risco, 52-62; mensuração do risco em, 57-62; passado como previsor do futuro em, 62-3

Hooters, restaurantes, 32-3, 193

Houdini, Harry, 146

Hubbard, Frank McKinney "Kin", 145

Hussein, Saddam, 180

I Love Lucy (programa de televisão), 7

incerteza, 23, 178-95; como lidar com, 191--3; McMaster e a batalha de 73 Easting, 180-5; "unknown unknowns" (desconhecimentos desconhecidos), 178, 185-8

incerteza knightiana, 178

indústria cinematográfica, 48-65; como terra dos modelos de risco quebrados, 49--52; convertendo dados em risco, 52-62; mensuração do risco na, 57-62; passado como previsor do futuro, 62-3

infalibilidade da gestão de riscos, 193-4

inflação, poupança e, 36

influenciadores de mídias sociais, 136

inovação financeira, 171-2, 175-6

inovações em segurança, 170-1, 176

janela quebrada, teoria de policiamento da, 106

Jenner, Kendall, 67

jet skis, no surfe, 168-70, 176-7

jogos de azar, 81; *ver também* Hellmuth, Phil; pôquer

Johnson, Eric, 90

jornalismo, 42

Joyeux, Malik, 171

Kahneman, Daniel, 88

Kavanaugh, Ryan, 59-60, 62-3; abrigo tributário alemão, esquema, 51-2; Monte Carlo, simulação, 49, 59-63

Keaulana, Brian, 167-70, 174

Keaulana, Richard "Buffalo", 168, 173

Kennedy, John F., Jr., 69

King, Billie Jean, 82

Knight, Frank, 178n

Lambert, David, 125

lei dos grandes números, 54-5

Levitt, Steven, 15n

Lieberman, Matthew, 51

limitações dos dados, 64

limites de velocidade, 176

Lintner, John, 76

livre de risco, 26, 28-9; aposentadoria, 44--7; Cole e o MiniBon, 29-34; definindo o seu objetivo, 36-8; hedge, 136-8; preço do, 34-5; rô de uma opção, 157-8

Long, Greg, 162-5, 167-8

Long-Term Capital Management (LTCM), 171-2

loteria, 97-8, 105

má interpretação do risco, 97-108; assumindo o controle, 106, 108; no crime, 98-106; probabilidade, 98, 102-4

mágica: contratos, 158-9; história de Sinclair, 145-51; seguro como, 149-51

Markowitz, Harry, 121-4

McMaster, H. R.: Batalha de 73 Easting, 180-5; planejamento de riscos no estado de guerra, 179-80, 184-7, 191, 194

McQuown, John Andrew "Mac", 123

Meaney, Nick, 50n

Medalhão Oceânico, 143-4

melhor retorno pelo risco, 22, 109

ÍNDICE REMISSIVO

mensuração de riscos, 22, 48-65, 179, 195; convertendo dados em risco, 52-62; história, 53-5; na indústria cinematográfica, 49-52, 57-62; passado como previsor do futuro, 62-3; *ver também* gestão de riscos

mercado de ações, 9, 54-6; benefícios da diversificação, 119-20; hedge, 136-7; preço do livre de risco, 34-5; teoria moderna do portfólio, 122-4

mercados ilícitos, demanda em, 17

Merisant, 132-3

Merkel, Angela, 51

Merton, Robert C., 42-4, 153-4, 167-8

Merton, Robert K., 160

Milosky, Sion, 167, 171

MiniBon (Mini Cinnabon), 29-34

miostatina, gene da (MSTN), 115

Mitchell, Frank, 116n

modelos de risco, 49-52, 186, 194

Monsanto, 132-3

Monte Carlo, simulação, 49-50, 59-63

Moonlite BunnyRanch, 7, 11, 13-8, 186

Murray, Williamson, 188

namoro, 86-7, 125, 157

Napster, 139

Needleman, Philip, 132

Netflix, 24, 28, 64-5, 105, 157

"névoa da guerra", 184

New Yorker, 52

Noll, Greg, 168

normalidade, presunção de, 56

Northern Dancer (cavalo), 117-8

Nova York, ônibus em, 9

Obama, Barack, 62-3

objetivos: casamento, 36, 157; definição de, 36-8; sem risco, sem recompensa, 21-2, 26

objetivos de carreira, 37

oferta pública inicial (IPOS), abertura de capital, 99-101

On Flexibility (Finkel), 191-2

Onze de Setembro, ataques de, 102

opacidade do preço, 20

opção de compra (*call option*), 151-2

opção de venda (*put option*), 151

opções como seguro, 151-8

opções, precificação, 151-8, 171; "as gregas", 155-8; como ilusão, 160-1; Long-Term Capital Management, socorro financeiro (*bailout*), 171-2

Operação Tempestade no Deserto, 180-5

Owens, William, 184

PACO, 70

Padgett, John, 143-4

paparazzi, 66-73; ansiedade econômica, 79--80; era da corrida do ouro, 71-3; gente como a gente, 77-9; regras de ouro, 67-71; risco idiossincrático, 73-6; risco sistemático, 74-5

"parar e apalpar", 106

Parton, Dolly, 149

Pascal, Blaise, 48, 53

passagem aérea, 19, 156

Passmore, Kirk, 171

Pattinson, Robert, 71

Peltzman, efeito, 170, 174

Peltzman, Sam, 170

pensamento probabilístico, 104-8

pensões, fornecidas pelo empregador, 24, 44

Performance Genetics, 127

petróleo, risco do preço do, 137

planejamento militar, 179-93; Batalha de 73 Easting, 180-5; gestão de riscos, 179, 188--93, 194; "unknown unknowns" (desconhecimentos desconhecidos), 178, 185-8

planos de contingência, 150

Poker Brat (Hellmuth), 83

policiamento comunitário, 105-6

Pomona College, 91

pôquer: *bankroll* (orçamento), 93; tomando riscos como um campeão, 93-6; *ver também* Hellmuth, Phil

213

pôquer on-line, 90-1

Powerball (Grande Prêmio da Loteria da Califórnia), 97

precificação de ativos de capital, 76

prêmios de seguro, 150-1

previdência privada, 44

previsão do tempo, 163

PricewaterhouseCoopers, 51

probabilidade, 22, 90, 97, 102-8; assumir o controle, 106, 108; história e teoria, 54-5, 64, 87; má interpretação do risco, 98, 102-4

produção cinematográfica *ver* indústria cinematográfica

Projeto 599, 29-31

prostituição *ver* bordelnomia

Pu'u, Melvin "Uncle Mel", 174-5

Pullman, David, 139-40

receitas de bilheteria (cinema), 57, 58-9

recompensa, 27-38; Cole e o MiniBon, 29--34; preço do livre de risco, 34-5; processo de três passos, 28; sem risco, sem recompensa, 21-2, 26

Redenção, filme, 62

regras do risco, 20-4; conseguindo o maior custo-benefício pelo seu risco, 22, 109; lidando com a incerteza, 23, 178; livre de risco, sem recompensa, 21-2, 26; ser senhor do seu domínio, 23, 128; seres irracionais *versus* racionais, 22, 81

regulação governamental, 165, 176

Relativity Media, 51-2, 59-62

requisitos de capital dos bancos, 176

Revolução em Assuntos Militares, 189

risco: assumir riscos *ver* tomada de riscos; de cauda, 56, 58, 128, 133; definição, 8-9; em finanças, 9-10, 18-20, 122; do emprego, e ansiedade econômica, 79--80; etimologia, 8; gestão de *ver* gestão de riscos; hedge *ver* hedge; idiossincrático, 73-8, 120, 135; idiossincrático *versus*

sistemático, 73-9; má interpretação do *ver* má interpretação do risco; mensuração do *ver* mensuração do risco; moral *ver* surfe de grandes ondas; negativo extremo, 94-5; regras do *ver* regras do risco; sistemático, 74-8, 135

risco pelo risco, 28, 30

riscos calculados, 9, 42, 86, 97-8, 178, 186

riscos globais, 24-5

rô de uma opção, 157-8

Roberts, Nora, 110

Rogers, Byron, 127

Romney, Mitt, 63

Rossellini, Isabella, 69

Rumsfeld, Donald, 178

rysigo, 9

Sams, Bernie, 115-6

Sanders, Rupert, 71

Sarah, Duquesa de York, 68

Scholes, Myron, 153-4, 171

Schreiber, Liev, 67

Secretariat (cavalo), 121, 125

Segunda Guerra Mundial, 189

seguro, 23, 95, 128, 145-61; como mágica, 149-51; contra furacões, 155; contra invalidez, 149; hedge comparado com, 149; história de Sinclair, 145-51

seguro de vida, 145, 149

seja o senhor do seu domínio, 23, 128

selos postais, 142-3

sem risco, sem recompensa, 21-2, 26

Shaheen, David, 63

Sharpe, William, 76

Sinclair, Belinda, 145-9, 160; antecedentes, 147-8; habilidades críticas em mágica, 148, 151

Slovic, Paul, 104

Starr, Shelby, 12-6

Stewart, Kristen, 71, 73

Stowe, Jill, 113

streaming de filmes, 58, 63, 65

214

ÍNDICE REMISSIVO

surfe de grandes ondas, 162-70; conferência sobre risco no, 165, 167; efeito Peltzman no, 170, 174; gestão de riscos no, 163-4; jet skis no, 168-70, 176-7

Tales de Mileto, 153
target date (data-alvo), fundos, 45
taxas de câmbio, 154
taxas de juros, 19, 34, 46, 142
teaser, 111
teoria da perspectiva, 88-90, 92
teoria moderna do portfólio, 122-4
Thaler, Richard, 90
theta de uma opção, 156
Three Chimneys Farm, 111-3
títulos de crédito (obrigações, debêntures), 34, 45-6, 142, 171
tolerância ao risco, 44, 77
tomada de decisão irracional, 22, 81, 92
tomada de risco, 39-47; aposentadoria livre de risco, 44-7; da autora, 39-42, 44; no pôquer, 93-6
tomada de riscos desnecessários, 23, 109
tomada de riscos inteligente, 29, 39, 197-8
tow-in surfing (surfe rebocado), 170, 176-7
trabalho sexual (trabalhadoras sexuais), 7-8, 11-8
trabalho sexual ilegal, 15-7
Trump, Donald, 63, 152, 179, 187
truque, 146, 148

Tversky, Amos, 88
Twitter, 136, 152-3

Universidade da Carolina do Norte, 185
Universidade de Chicago, 121, 123, 170
Universidade de Kentucky, 113
Universidade do Norte da Flórida, 32
Universidade Stanford, 131
Universidade Washington, 131
"unknown unknowns" (desconhecimentos desconhecidos), 178, 185-8
Us Weekly, 71-2
utilidade, como valor da possibilidade, 86-8

valor da escassez, 19
vega de uma opção, 155
Venkatesh, Sudhir, 15n
volatilidade, 55-6, 58, 155

Wall Street Journal, 63, 99
Walls, W. David, 58
Walsh, DK, 165
War Front (cavalo), 112-3, 115
Watts, Naomi, 67
Waze, 24
Wells Fargo, 123
Williamson, Grant, 113
World Series of Poker, 83-5

Zuckerberg, Mark, 32

TIPOLOGIA Miller e Akzidenz
DIAGRAMAÇÃO Osmane Garcia Filho
PAPEL Pólen Soft, Suzano S.A.
IMPRESSÃO Gráfica Santa Marta, abril de 2021

A marca FSC® é a garantia de que a madeira utilizada na fabricação do papel deste livro provém de florestas que foram gerenciadas de maneira ambientalmente correta, socialmente justa e economicamente viável, além de outras fontes de origem controlada.